合氣道的科學

解開合氣‧發勁祕密！

吉丸慶雪：著

聯廣圖書公司

推薦者：**許姜禧**

民國70年前全國中柔道隊。啓蒙老師：謝龍波
民國71年合氣道入門
民國75年高雄中正盃羽量級柔道金牌
民國75年區運角力選手
民國77年合氣道中正杯應用技法亞軍
民國78年合氣道中正杯自由技法冠軍
高雄市體育會居合道執行秘書
中華合氣道　龍山會館館主
高雄市合氣會　理事長

　　合氣道在大老師　李清楠先生引進台灣30多年來，各地合氣
道學習人口是有增無減。可是合氣道的工具書卻十分難找，尤
其是合氣道呼吸力的書籍幾乎沒有。因此我在日本找尋到有關
合氣道書並翻譯校審，希望對國內合氣道技術有提升作用。
　　本著作內容爲陳氏太極拳與大東流合氣柔術，合氣道技術的
探索必須回到大東流合氣柔術才會有意義。

　　本書的完成感謝聯廣圖書公司大力支持，和新莊道場的蕭月
卿老師，詹文華老師，協會蔡德敦老師，推廣協進會理事長賴
天富老師幫助，和我的恩師吳金龍老師鼓勵與支持。大仁技術
學院合氣道社社長盧宜棋同學、東方工專合氣道社社長冉瑞菁
同學和國北師合氣道社社長俞郁蓁同學共同努力。

許姜禧寫于高雄1999/7/10
歡迎來電或來信指教聯絡～
電　　話：（07）241—1234　　行　　動：0956—794340
傳　　真：（07）221—6868　　E-MAIL：aiki@pcmail.com.tw
地　　址：802　高雄市中華三路131號

序

要了解合氣道，須先了解「氣」，抱著這種主張，合氣道以「氣」之武道而更加深人們的關注。尤以最近中國氣功熱甚囂塵上，二十一世紀勢將成為「氣的時代」。

但本書中我不擬藉由「氣」的概念解明「合氣」。因為我認為特別是在合氣道的入門階段裡，不循氣的概念比較容易認識合氣。

我曾經是合氣之道的逃兵。我的恩師是曠代名人，當初親炙師父的神技，我嘆為觀止之餘不免思及，「合氣」顯然不是普通人能修習的，於是我打消修練的念頭。

但隔幾年後我得有機緣接觸太極拳，才赫然發現它與合氣有共通性。因此我不揣鄙陋，仍嘗試藉此闡明合氣。然而我此舉唯一能仰靠的，就是讚嘆恩師神技時那種「真實合氣的感觸」記憶。親身體驗名家技巧的感觸，成了我的榮耀和寶貴的財產。憑著那種感觸的記憶，我自認本書能夠某程度接近合氣的真實。

去年底本書完稿時，又獲得上海中華武術會會長陳式太極拳高手丁金友老師教示陳式太極拳，得能增補與合氣比照的照片。對於老師的厚意，謹此申謝！

本書的問市，亦承蒙剛柔流空手道泉武館同門剛柔拳舍大塚忠彥先生竭誠幫助，以及棒球雜誌社的贊助，特此一併致謝！

1990年新春

吉 丸 慶 雪

1

合氣道的科學　目錄

第9章　大東流合氣柔術第一個條(3)

立姿後抓・側捕・半坐半立捕（精華）

第1章 合氣道是怎樣的武道呢？

1.神秘的武道·合氣道

氣之力·呼吸力

參觀合氣道的演武時，常見到略微踫觸指尖便將對手拋向空中或者彈開。同時電視傳播媒體也常報導「氣的神秘」，例如彼此欲分開時，老師碰觸一下弟子，弟子旋被甩開的“秘技”。

有些人因此讚嘆果真是神秘的武道；但也有人持懷疑的態度。但不管怎樣，若果真習得「氣之力」「心之力」「呼吸力」，合氣道的確可使出類似的“神秘的”技法。

其他論及合氣道的著書中是如何解釋那種“不可思議的力道”呢？以下我們來探討一下。

◆從類似著書中引述「氣之力·呼吸力」

「活用氣發揮**無限的力量出來**，然而在氣、心、體未能統合之前根本無法做到。因為意念引起心氣，心指揮身體，所以若欠缺統一，結果是可以想像的。

合氣道追求的是**能夠自得自現的統一體**，因此須每天持續地鍛鍊。」

「氣力充盈於臍下丹田，將**充實的氣力透過身體各部，無限地發揮**，活用才能展現真正的合氣道之技法。」

「**依靠自己的感覺徹底地將力量發揮出來**時，該力量往往具有出乎意料之外的強大作用。」

**大東流合氣柔術
座捕**

兩手捕揚手鍛鍊
合氣道的呼吸力
鍛鍊法與大東流
合氣柔術的「**揚
手鍛鍊法**」一樣
。大東流也重視
揚手鍛鍊，從座
捕的兩手捕開始
進行訓練。其目
的在培養雙臂的
集中力。

「呼吸力便是氣之力。合氣與自然合一，再由呼吸力發揮
心身的妙味，而充分發揮氣力、魄力、呼吸力。如此技術才
得以提升，關於這一點已多次說明過。**經由訓練將全身的力
氣集中於一點**，有效地加以運用，氣力充分的力量涵蓋於呼
吸力。

這些論述皆表示合氣道的本質，一切的鍛鍊目的都在於養
成呼吸力，沒有呼吸力的技術不稱為技術。（中略）

如果能充分發揮自己的呼吸力，不要以動作抵抗對手的力
量，則可輕易地制服對手。但若未能發揮呼吸力，即使動作

大東流合氣柔術
立技
兩手捕揚手鍛鍊
兩手被抓緊之下，力量集中於前臂，將對手的兩手往上推。熟練後可依靠前臂的集中力讓對手整個身體浮高。此種集中力，合氣道稱之為「氣之力」或者「呼吸力」。

看來相當美妙、氣派，也只不過是浪費力量的個人獨舞或者唱獨腳戲罷了。」

「合氣道常提到的『氣』『氣之力』『氣之流』等名詞，就是合氣道技術的生命根源，此力便是呼吸力。」

「呼吸力為合氣道的生命主幹。『氣』的活動必須藉由呼吸力的養成發揮才能獲得，尤其以養成座姿的技法最為重要。」

「呼吸力意指從臍下丹田處，即從自己的重心部位所發出

來的氣、心、體一致的力，**依照合氣道的磨練就可以匯集成綜合性的力量。**

「呼吸力養成法的鍛鍊是合氣道獨特的方法，呼吸力的有、無、強、弱影響到技法、意念的深與淺。因此可以說呼吸力養成法是合氣道鍛鍊上的根本。」

「呼吸法是培養呼吸力的方法。無呼吸力量的合氣道如同無力的相撲一般。**與腕力等之肌肉性質的力量不相同的呼吸力**，可依舉高砍下劍的方式加強。但不單只是將劍舉高砍下而已，而是讓對手握住手腕後進行，是非常合理的鍛鍊方式。」

「身體盡可能地吸進空氣，而與自然融為一體時，氣力充滿身體，發揮令人難以想像的呼吸力（念力）。**不爭鬥的心與技術是引導出自己最大限度的力量而不可或缺的條件。**這才是讓合氣道成為絕對不敗的武道之原因。」

「呼吸摔正是合氣道技法的精髓。**氣·心·體完全一致，才能發揮真正的作用出來。**」

「未接觸之下便打倒對方；或者單憑一指便將對手拋向空中，要鍛鍊到這種極致的程度是難上加難。但在合氣道若**心氣體一致時，毫無任何阻滯的境地中的確可體會到這些動作**的。

「**流力**＝力量流向對方的接觸點，此時會有類似力量流向自己手指的說法出現。但是一提到流力，容易被誤解為由別處湧來的力量流向其部分，然而其意思並非如此。而是在接觸到對方的同時，從**全身流動的力量**全進入該部位。此力經常是想與對方融合為一的心情所呈現出來的形式，抱著想打倒對手，想反抗對手的心態是絕對使不出來。想與對手成為

一體的力稱爲呼吸力。其呼吸力經常會流向對手。」

（引用植芝吉祥丸、齊藤守弘、砂泊誠秀等師範的著書）

（粗黑體是筆者所註）

以上的類書皆指稱「呼吸力」等於「氣之力」，是合氣道技法的生命，一切的鍛鍊皆以養成呼吸力（內力）爲目的。可是遺憾的是具體上呼吸力到底是怎麼一回事呢？如何發揮？事實上各個說明均不夠完備。

以下將重點整理如下：

●氣力充盈於臍下丹田，確實將充實的氣力透過身體各部，無限地發揮。

●活用氣，就能發揮出無限的力量。

●不鬥爭之心與技法才能引導出自己最大極限的能力。

●氣、心、體完全一致才能發揮眞正的功能出來。

●心氣體一致，在毫無阻滯的境地中可體會到。

●臍下丹田氣心體一致的力量，藉著合氣道的練習所流出的就是呼吸力。

多次強調意念才是心氣體一致等最重要的部分，事實便是如此。但僅擁有這些理念，至於「呼吸力」、「氣之力」、「心氣體一致」到底是什麼樣的情形，事實上初學者是無法理解的。

合氣道的這些說明陳述高手、名家的精神境界，也是我們所追求的理想，但是，「欲速則不達」，我們首先需知道的是到達此境界之過程中所需的技術論點。

未了解這個過程，**只憑合氣道的磨練而自得自現的方法論**，就要體現這境地是較困難的。

2.「氣之力」的系譜

涉川流柔術的氣

「活用氣，發揮出無限的力量」之概念並非合氣道獨有的主張。

其實多半是日本柔術界的傳統看法。

例如涉川流柔術的始祖涉川伴五郎義方曾在『義方言行錄』一書中提過：

「力有限際，卻不同科。能舉百斤（六十公斤）者不敵能二百斤者。舉二百斤者又不敵舉三百斤者。只憑恃力焉能百戰百勝獲利呢？我術乃以氣非以力。氣何大哉！予以養之，則能塞天地之無限。」

亦即以力對抗力，那麼力弱者絕對無法勝過力強者，但是不使「力」，而使「氣」就可以勝過強於自己的人，氣可養成無限大的力量。

這裡的「氣」是如何解釋呢？

字面上的解釋是「精神的氣」能充實向上到極大，面對「肉體的力」，可獲得百戰百勝的境地。但由文章中無法了解是否精神力勝的人能夠百戰百勝，或者能夠發揮某種物理的力。

這些理念可能是日本柔術界傳統的想法，因不依賴力而能勝過力為其理想，故名之為「柔術」。但這個理想可以實現到怎樣地程度呢？由觀察繼承其「柔術」的日本柔道之現狀這點是令人質疑的。

13

合氣道也繼承了「不以力而以氣」的傳統武術概念，對應「肉體的力」使用「氣之力」「呼吸力」之"無限力"加以制服獲勝。

這種呼吸力在未具體說明之下，容易被解釋爲只是精神力的方向而已。

義方的眞意難道是指以精神力獲勝嗎？或者發揮出某種肉體的力呢？令人懷疑。但是那些技術卻是各武術家最深奧的秘傳，是與一般公開的性質不同。

即使在武田惣角時代也一樣，可能現代的運動界人士無法想像。他對於「合氣的呼吸」或者「合氣的技法」僅止表演，並未加以說明或傳授，而其高徒們也不可能誠坦技法的本質。但這便是武道的世界。

因此過去一些被公開的武道家之秘傳，是否眞實地呈現出本質，此點令人相當質疑。

可是，不管怎樣，我們已經了解日本柔術界有「以氣勝力」的傳統思想。

傳統上具有合氣道的**呼吸力**，畫一無形的延長線，只以一指便讓對手騰空彈開的"神秘技法"爲其理想，想來也並非毫無理由。

3.合氣道的科學

科學與其目的

①科學是追究事物的**現象**，解明其**本質**。**現象**則是人透過五官感得的事實。

②科學的目的在解決問題。

因此合氣道科學的目的，便在於探究人人都可達到的合氣道奧義之路。

大部分的合氣道指導員主張即使力弱，但只要體悟「氣之力、心之力」，便可發揮出神秘的技藝，這點在前節已引用種種的例子。

然而事實上那些技術，僅依「理念」與「合氣道技法的鍛鍊」，想要自我展現是相當困難。

在道場相互都能精采地表現技法，可是碰到外行人出力抵抗時反而無法發揮出力量的例子不少，因此長年練習的人愈感困惱疑問愈多。

其中有些人雖然產生疑問，但是鍛鍊「臂力」之後，才發現技術也必須依靠力量才能解決。

但是仍舊相信如同在道場上一般，可以輕易地將魁梧的男人拋開，沒想到實際上在對方出力抵抗是對他束手無策的人也不少。

為什麼會產生這樣的情形呢？「氣之力、心之力」可超越「肌肉之力」的看法難道是錯的嗎？

參觀「氣之力」「心之力」的實際演武時，認爲這就是事實吧！然而演武場上所見到的果眞是「氣之力、心之力」的發揮嗎？

1955年代左右催眠術如現代的氣功一般深受歡迎。其中一項表演稱爲「定住不動之術」，拿著一把眞劍朝對方砍下，只聽「啊！」一聲，對方的身體竟然不可思議地僵直無法動彈。我當時認爲這才是武術的奧義，決心學會，便前去拜訪那位先生，仔細詢問之下才知道，事先必須先給對方催眠暗示，否則不可能成功，此法是無法施用於武術。

最近經常看到一指點向對手便讓對手向後躍跳的技術，果眞是「氣之力」的實證，或者僅是暗示作用呢？抑或還有別的原理所造成？很難輕易地下結論。

不論如何，所謂科學化的合氣道是在探索被稱之爲"神秘技術"的生命，即「氣之力」「心之力」「呼吸力」的本質。第二目標是推究「合氣」一詞的內涵。

科學探究合氣道的目標

① 解開呼吸力·氣之力的本質。
② 探索合氣的內涵。

第2章 何謂力？

否定氣之力

1.骨骼肌的作用

人的身體運動

首先探討人的身體運動如何運行的。

身體運動的部位必定有肌肉組織，其作用可略分爲兩種，其一如下圖所示，位於骨與骨之間，或者取代骨骼作爲固定位置用的部分與骨骼之間，故稱爲骨骼肌。另一種胃或腸的肌肉稱爲內臟肌。骨骼肌在運動時可活動的肌肉；內臟肌則自身作運動。

現在以人的手臂圖觀察骨骼肌的作用。次頁的圖肱二頭肌是彎曲手臂的屈肌；肱三頭肌是伸直手臂的伸肌，兩者之間

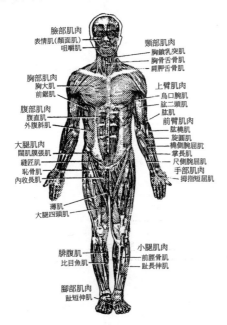

臉部肌肉
表情肌(顏面肌)
咀嚼肌

頸部肌肉
胸鎖乳突肌
胸骨舌骨肌
肩胛舌骨肌

胸部肌肉
胸大肌
前鋸肌

上臂肌肉
烏口腕肌
肱二頭肌
肱肌

腹部肌肉
腹直肌
外腹斜肌

前臂肌肉
肱橈肌
旋圓肌
橈側腕屈肌
掌長肌
尺側腕肌

大腿肌肉
闊肌膜張肌
縫匠肌
恥骨肌
內收長肌

手部肌肉
拇指短屈肌

薄肌
大腿四頭肌

腓腹肌
比目魚肌

小腿肌肉
前脛骨肌
趾長伸肌

腳部肌肉
趾短伸肌

全身的骨骼肌
身體運動部位
有肌肉。其一
是固定·伸展·
屈曲關節的骨
骼肌；另一種
爲內臟肌。

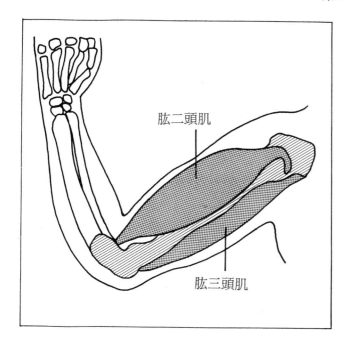

手臂結抗肌
模擬圖
肱二頭肌是
屈肌，肱三
頭肌爲伸肌
，兩者互相
拮抗。

肱二頭肌

肱三頭肌

夾著一塊關節。

　　二頭肌收縮（縮短）時手臂會屈曲；與此相反，三頭肌收縮時手臂會伸直。這兩種肌肉作用相反，稱爲相互拮抗。而人的身體運動便是由互相拮抗的肌肉群所形成。

　　骨骼肌除了收縮引起伸展、屈曲運動之外，還有另一個動作，即關節的固定作用。例如端抬重物在身體前方時，手臂的姿勢固定僵硬，此時肱二頭肌與肱三頭肌的長度並未變化，僅增加張力而已，亦即肌肉增加緊張度。表示保持某一固定姿勢時，伸肌與屈肌都增加張力而關節固定。二塊骨骼的位置未變化而發揮固定作用。

　　因此，人的身體運動是依靠互相拮抗的骨骼肌的收縮作用所形成。

2. 何謂力？

力為肌肉的作用

平常我們說「某人力氣大」或者「沒有力氣拿不動」等等，此處的「力氣」表示「有能力拿起重物的意思」。「有力氣的人」指的是諸如相撲力士或者摔跤選手一般，肌肉很發達的人。

所以人體發揮出力氣的是肌肉，肌肉所發出的力稱為肌力。肌力是依靠纖維的化學變化所呈現出的能量，藉著收縮時發出力量。肌肉受神經的支配能夠隨意的發揮強大力量，因此物理的「力」以重量表示；生理的「力」意指「肌力」。

如此，我們了解「力量」是伴隨身體運動的肌肉作用所形成的。我們以肌肉的緊張度來感受「力量」，即詮釋為「力量的強度」。

然而與這樣的常識相反，在合氣道裡，並未感覺肌肉的緊張，即未感受到「力強」，卻能夠將對手推身彈出時，因此我們的觀念很容易被混淆。

所謂「力強」是以肌肉的緊張來感受，因此不認為是肌肉之力。既然不是肌肉之力，那麼是哪種力呢？由此產生了「氣之力」「心之力」「呼吸力」的概念，但這種想法正確嗎？

為了了解正確與否，讓我們更詳細地探究所謂力量的內容。

首先觀察拔河比賽時肌肉的作用。在下頁圖片中的拔河情形。以後仰的姿勢握住繩子，腳抵在前方使盡全力。手臂固

觀察拔河的出力情形

拔河比賽時以向後仰的姿勢，伸直雙腳抵在前方，手臂固定者配合腳伸直的力量向後拉繩。此時，腳主要使用到伸肌，腕則使用到屈肌，透過這種肌肉緊張感覺到力量。（圖片提供：日本拔河聯盟）

定，配合著腳出力的節奏拉繩。

　據此觀察，全力拉繩時，腳部用到伸肌的伸張力；手臂主要用到屈肌彎曲的力量或者固定關節的力量。

　當我們「使盡全力」用到身體時，可看出腳部使用伸肌；手臂則使用屈肌。這與搬重物運動時相同。

　表示人感覺到「強力」時，手臂是屈肌緊張；腳部是伸肌緊張的狀態。

　這也意謂著其相反的身體運動並未感受到力量，這點很重要。

力量的象徵　大頭肌

肱二頭肌是力量的象徵。如圖手臂屈肌緊張時最可以
感覺到力量。

（MUSCLE & FITNESS VOL.3.88）

　　也就是說伸直手臂的運動（例如棒球的投球），假定純粹
的依靠伸肌的運用，則幾乎感覺不到「力強」，然而對外界
卻能發揮相當的威力。

　　像這樣感覺強大的力量，以及雖然未感覺強力，但對外界
卻產生強大的力量者，都是屬於肌肉的作用。

　　力量分為感覺強大的力量，與未感覺強大的力量，兩
者皆屬於肌肉的作用。

3.彎曲的力量才是臂力

人類的手臂與動物的前肢

那麼，當

①彎曲手臂出力時或者拖重物時，是否感覺到重力呢？

②與此相反，當腳伸直抵前時是否感覺到重力呢？

爬蟲類的行進動作是後肢踢出地面將身體推前，此時前肢先伸向前方，再將身體拉到前方。至於四肢動物同樣是後肢踢出地面，身體向前方推進，前肢的作用主要是維持平衡。

觀察下圖便可以明白。

馬與狗的跑步（gallop）
①交叉跑步　②回轉跑步

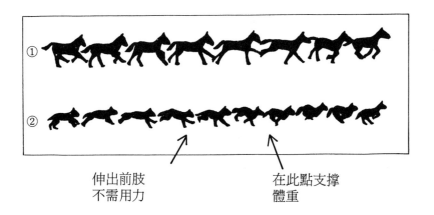

伸出前肢
不需用力

在此點支撐
體重

四肢動物以後肢站直身體時，其前肢必會形成全屈肌群的作用，各關節曲折形成捲縮狀。

　　例如馬跑步時被認為是連續的跳躍，其後肢踢出地面前肢伸向前方，此時前肢不需使力，隨著前肢著地時身體再往前進。前肢只負責維持平衡，僅在支撐身體的重量時前肢才需出力，慢慢地使屈肌與伸肌緊張，固定關節而支撐體重。

　　因此爬蟲類或者四肢動物前肢的屈肌群較強，後肢的伸肌群則較發達。

　　有些例子可資證明，例如狗或者熊以後肢站立時，其**前肢會產生屈肌群作用，各關節曲折形成捲縮狀**。

　　人類或猩猩的伸肌較四肢動物發達，因此手臂可以伸展，猿猴類在樹木生活，進行跳盪動作之前，其眼睛先慎重地選定目標枝幹，抓住目標枝幹而後在樹木之間移動。數百年持續下來的運動，促進手掌的感覺或者腦部的發達，而這也是

曲臂上舉啞鈴時，可以感覺使用力量，可是手臂垂下
時，雖然手中握的啞鈴重量相同，但卻未感到出力。
因此可以明白是將手臂屈肌的緊張感受為力量。

之能由猿類進化成人類的最大因素。

　由少部分猿類退化的拇指可推測出，首先使用五指屈肌用
力握抓，之後逐漸變成用四指勾住樹枝，依伸肌的作用懸吊
在樹枝上。

　前肢真正得以伸縮自在使用已是成為人類之後的事。因此
才形成人類獨特的身體運動，亦即「打、刺、捽」的動作，
然而四肢動物前肢的性質仍由人類繼承下來。

　也就是說人類的手臂經猿類時期的訓練伸肌發達，但是仍
然以**屈肌優越（腳則是伸肌優越）**。

　因此我們進行的「手臂使力」的動作，是屈肌群緊張時的
狀況，而身體在無意識之中將此記憶成手臂力量之感覺。因
此一般常識所謂「力量為肌肉的作用，此肌肉的緊張是可以

感覺到的」顯然是錯誤的，**手臂其實僅將屈肌的緊張感覺爲
力量。**

◆手臂的屈肌緊張感才是力量的感覺。
◆腳部的伸肌緊張感才是力量的感覺。

舉重

出力將舉重器高舉過頭。手臂的關節固定
，腳部伸直踩穩時所感覺到的力量。
註※關節固定是伸肌屈肌皆增加張力的狀態。

4. 何謂氣？

古代中國的陰陽五行思想

如前所述我們移動物體時需要依靠肌肉。但在合氣道的立場而言，是利用「氣之力」將對手打倒。在此情況下的「氣」意指什麼呢？

我們暫停對臂力的探討，而來探討「氣」的問題。

中國古代探討生命的存在以及宇宙與人的關係之種種根源的疑問，形成陰陽的哲學思想。

「天地充滿氣，稱為元氣。森羅萬象稟此之氣，而生、育、榮、滅以及再生循環。人類經由呼吸、飲食吸入氣而生存，氣失去平衡便生病。」

古人依靠氣的假設，說明一切的存在。陰陽五行哲學即古代的科學。

現在，古代的神仙術、導引、佛教等在中國又恢復，以「氣功」為命名的健康法、治療法、能力開發法相當盛行。並且嘗試用科學的方式來解釋，但至今尚未完全解開。

接下來看氣功的氣。氣功之氣，普通人依照簡單的練習便可感覺到。

全身各處皆可感覺到氣，尤其是手掌與腳底。兩掌稍微分離相對，掌間可以感覺到如觸電般之麻木感，以及輕微的壓迫感、微風吹過的感覺、磁場般的輕浮感、熱感等等之感覺。當意識愈集中此感覺愈強烈。

這是從掌心發出氣的訓練法。

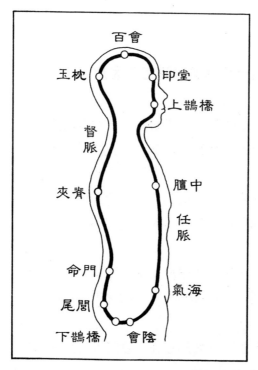

圖中標示：百會、玉枕、印堂、上鵲橋、督脈、膻中、夾脊、任脈、命門、氣海、尾閭、下鵲橋、會陰

氣功　小周天法

氣功的訓練，熱感、麻痺感、肌肉自行移動等皆為氣感。以此感覺為基礎而發展人的能力至極限的行法稱為氣功。小周天為氣的運行法之一，將改變成熱感的氣由體後面的督脈上升，再順著體前面的任脈降下，開發心身兩方面能力的方法。

以此方式產生的氣，主要感覺成熱感，可依自己的意識在體內移動，利用此現象進行能力開發或者疾病治療。

以生理學來說明這種現象，將意識集中於身體的某部位時多少可感到某些感覺，這在平時便是常有的經驗。尤其想像某部位產生熱、力量時更容易感覺。長時期的將意識集中於特定的部位，反覆練習則神經系流、血液系統、肌肉、皮膚等肉體器官也會隨之產生一連串的變化。

經由這種方式發生的肉體變化，對本人而言，能清楚地掌握為感覺的變化，第三者或者測定儀器也可以客觀地感覺。依據科學的氣功法，將主觀上的氣之流動，轉變為可測定的

氣功　大力功壯氣法

熱之流動。尤其是丹田集中意識（與力）便很容易發生熱的部位。

　我個人認爲這種意識的集中於體內的某部位產生種種感覺的事實，利用這種能力開發法的有效性並不能直接證明陰陽五行式或氣的理論正確與否。

　氣功的氣，已經證實可在肉體上引起某種實在的能量。

5.何謂合氣道的氣？

氣之力是意識之力

前節我們說明氣功的氣是屬於某種生命體的能量，那麼合氣道的「氣」是否屬於同一性質呢？利用這種氣可以發揮出將人推向空中的力量嗎？

以下介紹合氣道有關之類的書，探討合氣道的「氣之力」之具體說明。

（**現象**即眼睛所看見的**事實**）

引用『氣的讀本』藤平光一著

「**實驗①** A單手伸直出力，以免遭對手曲彎。B使用兩手將A的右臂折向肩膀方向。如果A手臂出力，B發揮同樣的力量，則必須能折彎A的手臂。」

「**實驗②** A伸直右臂，完全放鬆。但是**覺知自己的心之力透過手臂，從指尖朝向遙遠處發出**。B想折彎A的手臂相當困難。」

【理論或假設】

引用 同前書

「**這稱爲發氣。發氣時心中默想『氣發出』。音有音波，光有光波，心當然不可能無心波的道理**。認定氣已發出，事實上就會流洩出來。」

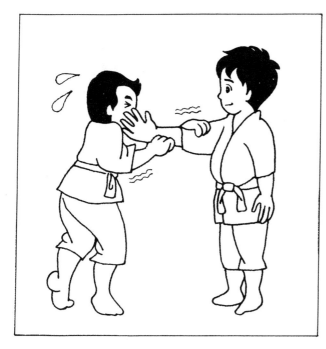

心之力的實驗
「無法折彎手臂」
根據實驗②默想
心之力由指尖流
出，雖然手臂並
未用力，但仍舊
無法被折彎。

【考察】

實驗①是「用力抵抗然而被折彎」；實驗②是「雖然放鬆，然而相信氣已發出，則無法被折彎」的事實（現象）。默想氣發出，便發出，以事實證明無法被折彎的理論。

意識「氣發出」便能發揮「氣之力」是合氣道的概念。因此，合氣道的「氣之力」即是「意識力」，同時也是「心之力」。

然而這理論正確嗎？關於結論我們將在下節討論。

6.錯覺！　氣之力

「無法反折手臂」的本質是伸肌之力

「不用力，**默想氣發出的方式使得手臂更強**，表示氣已發出。」

認為氣所發出的力量比肌肉的力量強，或者心力較強等，是合氣道某一派別對氣之力的看法。

然而這是對本質的誤解。以下進行說明。

前節的實驗①「手臂用力以免被折彎」，表示「關節固定」，伸肌與屈肌兩者同時收縮。如前所述手臂是屈肌群優越，即屈肌較強，因此用力固定關節時，力量是朝向收縮手臂的方向加強作用。也就是說 A 努力不被折彎的心態，卻反而將自己的肌肉拼命收縮到 B 欲折彎的方向，在 A、B 相同的力量之下當然可以折彎。

接著實驗②放鬆力量，力量感覺為零的狀況，即屈肌的力放鬆下來。因此如第3節所述，我們將屈肌的緊張感覺變成力量。

其次「心之力透過手臂流洩出來」，其實是手臂的伸肌之伸展（正確地說是收縮）。

放鬆手臂的屈肌完全伸展開來，那麼想折彎手臂便很難。伸肌輕輕地（感覺）伸展便能夠十分強大。

然而在前節已經說明過，人的手臂是屈肌群優越，因此使用伸肌的同時，習慣上會固定屈肌。

在本質上，手臂欲有效地使用伸肌較困難。因此，便指導

金剛八寶氣功

老師一吶吼，四周圍的弟子們被彈開。兩者之間若未
能建立信任關係，技法無法成立。

初學者「放鬆⋯⋯讓氣發出」，以此要領讓初學者能夠只活
動伸肌，所謂「默想」只是爲了讓初學者學會控制伸肌的手
段而已。

　所謂「無法折彎的手臂」之本質，指的是人手臂的性質，
即欲強力伸展之同時，手臂屈肌會固定的性質，與心或者氣
之力的本質並無關係。

　註：事實上「伸展伸肌」的表現是錯誤的，正確的說是伸
　　　肌的收縮，但是身體會感覺成「伸展」。因此本書將伸
　　　肌的收縮解釋爲「伸肌的伸展」，同時伸肌收縮時的肌
　　　力表現爲「伸展力」。

前臂伸張的威力
①取方將受方
的手腕向外側
反折。
註：左方著褲
裝者爲受方。
右方爲取方。
本書皆以取方
發動攻擊，受
方接招的方式
進行說明。

②受方握拳用
力反抗，

③反抗失敗，
慢慢被推倒。
因爲手臂屈肌
緊張，朝向收
縮手臂的方向
進行的緣故。

34

④接續左頁①
輕輕伸展指尖
不易被推倒，
雖然並未特別
感覺到強力，
然而伸肌的力
道十分強大。

⑤再繼續跨前
伸展，便能瓦
解取方的重心

⑥推倒對方。

　　如此，並不需要氣的概念，根據體勢的合理應用，便能夠
發揮強大的力道。

7.實驗！　心力

其本質在於拱形的強度

　　合氣道之類的書上有「心力的實驗」。下圖便是引用其內容。

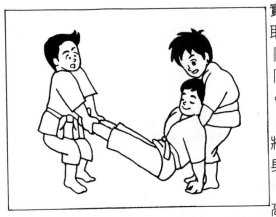

實驗　心力
取自藤平光一著的『氣的讀本』一書「Ａ手腳伸直仰臥。Ｂ抬Ａ的頭部；Ｃ抬Ａ的腳，將Ａ抬高。Ａ的身體在腰部分折彎，如蝦子一般被抬高。」

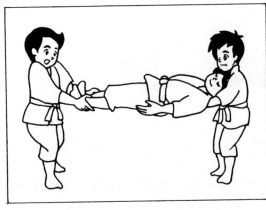

「以同樣的方式Ａ仰臥。兩手貼在大腿外側，默想『自己的身體成為一根鐵棒』，或者『氣流通在自己的身體』。那麼Ａ將以一根鐵棒的姿勢被抬高。」

該書對前頁實驗的結果得出如下的結論。

「『默想自己的身體變成一根鐵棒』，這小孩子也做得到。心是實在的力。心使出力可讓一個人很強大。」

但是同樣的方式在催眠術上稱之為人橋術，其實該方式有某些訣竅。

任何人都可以如圖一般地將腳與肩膀架在椅子上，背部稍微抬高形成橋狀。腹部站上2人或3人也沒問題，完全不需要催眠術，心力貫注便可以不需要催眠術。

當人的脊椎彎曲（拱形）其力在物理學上很強。背部稍微向後仰，任何人皆能輕鬆地負載2人左右的重量。這種情形，背後只需輕輕地伸展背肌，便能夠發揮出強勁力道。只不過大部分的人均認為「這不可能做得到」，因而只站上一個人便吃不消了。心力是能排除認為自己做不到的負面想法所造成的自我壓抑而發揮出價值。

做得到的事很多，人在一開始卻認為「做不到」的例子很

鐵棒的本質
只要背部稍微後仰，任何人皆能輕易地負載2人。人的脊椎之彎度在物理上非常強大。
進行該動作時避免將頭放在椅子上，以免傷到頸部，應該整個肩膀放在椅子上。

多。排除自我壓抑讓自己充分發揮出潛力，與依靠學習修得的技術（例如呼吸力）完全是兩回事。

由此我們得知脊椎的強化與心力無關，物理的拱形強度才是其本質，支撐脊椎起立肌的伸展（正確應是收縮）更是問題所在，默想「身體氣流通」是活用伸肌的手段，而並非本質。

呼吸"神秘性"的本質

長息認爲長壽，因此唸經、吟詩、唱歌、吟詠等被認爲有益健康。出家人或者聲樂家長壽的人居多。（現象）

其本質在於「短吸、長吐的呼吸法」，使得自律神經成爲副交感神經優越，心身可得放鬆。

8.錯覺！ 呼吸力

其實是伸肌力

我們一般均認為呼吸可誘發神秘的力量，因此呼吸力一詞很容易被接受，然而呼吸果真擁有隔空將人拋擲而飛的原動力嗎？

在呼吸的"神秘性"上，有一說認為「長息是長生」，然而這只不過是順口的說法罷了，其理由（本質）完全不能說明（參照前頁）。

呼吸的作用可分為如下：

①**科學的作用** 呼氣放出二氧化碳及其他氣體性廢物；吸氣吸入氧氣之作用。

②**物理的作用** 依靠呼吸運動使橫隔膜上下運動，使腹肌、胸肌等緊張或放鬆。這是意識不到的內臟運動，同時可促進血液循環。尤其是腹式呼吸，刻意提高腹壓的丹田呼吸。身體的重心放在丹田，提高腹壓，姿勢端正、心情平靜，身體運動能巧妙地實行。

③**心身相關作用** 內臟是由自律神經支配，無法以意志力控制。但是呼吸系統是唯一可以依意志自由控制。呼吸與自律神經間的關係是，呼氣使得副交感神經緊張產生抑制力；吸氣使交感神經緊張產生活動力，我們可以藉由這種關係，以呼吸為媒介間接地控制其他的內臟。

至於肌肉與自律神經的關係是，伸肌與放鬆的副交感神經有關；屈肌與興奮的交感神經有關。

呼　　氣	副交感神經緊張	身　體　放　鬆
吸　　氣	交感神經緊張	身　體　緊　張

　　肌肉的收縮與呼吸的關係很重要。以下更進一步地觀察，
根據經驗可得如下：

強化屈肌則吸氣	放鬆屈肌則吐氣
強化伸肌則吐氣	

　　呼吸與肌肉的關係我們再進一步考察，抬重物時吸滿氣便
可輕易抬高，舉重時往往先吐氣再吸一口氣加以舉高。這是
根據屈肌或伸肌的性質。

　　主要利用伸肌的運動如徒手「打、刺、摔」或者利用道具
「打、刺」之運動時，往往吐氣才能增大威力。

　　劍道也是如此，擊打對方時大聲吶喊；另外，棒球投手在
投球的瞬間有時也會「呀！」發勁的發聲意思相同。

手臂的屈伸運動

「兩手分開約30公分伏地挺身，兩腳放在長板凳上，彎曲手肘讓胸部落地，伸直手臂抬起身體。彎曲**手臂時吸氣；挺身時吐氣**。」（MUSCLE & FITNESS VO1.2,87）

像這樣，強化屈肌時吸氣，強化伸肌時吐氣。

　　但現在許多的運動在出全力的瞬間，大部分的人選擇憋氣。如棒球投球的瞬間、球棒擊球的瞬間、排球進行扣球的時刻等許多人便是憋氣，因爲這樣可感到力量的充實感。

　　本章想提出的問題是，在發揮外向性的力量時，有的人藉由憋氣獲得力量感；有的人則吐氣而發揮出感覺不到的力量，到底哪種的效力最大？大多數的人均無法明確的回答。

　　因此本章明確的強調伸肌的伸張力雖然未有明確的有力感，但卻可以發揮強大的力道（外向性的力）；另外伸張力可藉由呼氣予以強化。

　　一般有視「氣合」爲日本武術獨特的精神藝術之傾向，然而事實並非如此。氣合的本質是伸肌的伸張力強化時，瞬間呼氣才能完成，僅其表現較具日本風格罷了！

　　另外依靠氣合想發現神秘力（念動力等）的技術，在體術與本質無關。

　　但是無論如何，呼吸的操作確實可在物體上強化（現象），所以將力的本質看作是由呼吸本身的神秘性所帶來的，因此才命名爲「呼吸力」。

　　然而前述提過合氣道之「氣力」其根本在於伸肌的伸張力，呼吸只不過具有補助強化的作用而已。

註：伸肌強化須依靠呼氣（吐氣）

　　據稱武田惣角先生終其一生未對任何門人傳授「合氣」，然而「合氣」卻被傳承下來。武田惣角先生的門內弟子是山本角義先生，1941年（昭和16年）武田惣角在柳津溫泉病倒，費了九牛二虎之力進行復健療法才得以痊癒。在這之後也才入門，負責照顧武田惣角先生的生活，獲得極大的信任，

參考　幻技　武田惣角的合氣

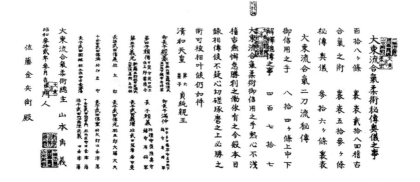

因此武田惣角將所有未傳授給其他門人的「合氣」，包括一切秘技均傳授給他。

　　武田惣角先生在昭和18年（1943年）4月25日於青森市浪打町伊東方過世，享年86歲，臨終陪在他身側的便是山本角義先生。山本先生本名留吉，惣角以「武田惣角源正義」的角與義二字賜他，而改名角義，當作繼承人傳他的衣鉢。

　　山本先生於惣角先生病逝之後，以「大東流合氣柔術總主」的名義，在苫小牧市傳授，昭和57年（1982）以60歲之齡去逝。

　　繼承山本先生秘技的是現在全日本中國拳法聯盟主席的佐藤金兵衛（柔心齋）先生。佐藤先生不僅繼承八卦掌第四代，也以太極拳、形意拳、八極拳等中國拳法之先驅者，傳承者而知名，反而他繼承大東流合氣柔術正統的秘技之事，知道的人很少。（參考佐藤金兵衛著『柔與拳與道』。

第3章　傳達力即集中力

合氣和發勁都是力的集中

1. 力的集中

第2種力感覺為「體術之氣」

我們使出渾身解數做不到的事，卻有輕鬆便能達到如超人般的高手存在。那些人所使的"力"有如下幾種名稱：

中心力	氣 力	
丹田力	心 力	合氣道
集中力	呼吸力	
勁 力 中國武術	合氣的呼吸	大東流

若將這些力解釋為「爆發性地集中全身的能量」，就很容易明白。只是要如何具體達到呢？這仍是一團謎。

先討論關於「將全身之力集中於一點」。

約四十年前我曾學習過剛柔流空手道。當時我對剛柔流的眞諦之了解是「力的集中」，即維持身體柔軟（柔），**決定出招的瞬間穩定身體（剛）**「集中力量」。表示在瞬間裡使全身的肌肉穩固以使「力感」達到最大。

提到「力的集中」，一般均解釋為「瞬間的渾身之力」。

根據黃耐之所著的『古傳太極拳』上記載指出，中國拳法上之「法」，指的是「剛柔之法」，法是「爲能集中力之一連串招式」，與瞬間地使肌肉僵硬的情形完全不同。

空手道剛柔流的名稱，由『沖繩傳武備誌」的拳法八句中

的

法剛柔吞吐（法能吞吐剛柔）

取之，「法」即「力的集中法」為其真諦的流派，其集中法和「瞬間穩固身體」的說法令人感到疑惑。

為何將「力的集中」解釋為瞬間地穩固全身肌肉呢？

一般未受武術訓練的人會認為：

①根據出力　　不出力

的感覺來判斷，因此一提到「集中最強大之力」，一般人皆理解為「瞬間發揮最大的力」，亦即理解為**時間的集中力量**而已。

然而我卻知道尚有「第2種力」存在的事實。例如拳擊賽時放鬆力道擊打對方而將對方擊倒，或者打高爾夫球時，放鬆地揮桿，結果球飛得老遠等之情形常發生。在這些例子感覺力量放鬆，然而對物體卻加上「強大的力」，此均為不容置疑的事。因此多半的武術均指導「肩膀放鬆」，鬆開身體卻又能發揮強大的威力，這個說法很矛盾，然而很多人肯定這個事實。像這樣並非使用呆力的「力」才稱為「集中力」嗎？同時體術上之「氣」可能就是第2種力的感覺。

參考：『沖繩傳武備誌』拳法之八大要句

人心同天地　　血脈似日月

法剛柔吞吐　　身隨時應變

手逢空則入　　碼進退離逢

目要觀四向　　耳能聽八方

2.何謂勁力？

隨伴體技的力

但是中國拳法上有所謂「勁力」之力，因此先來探討勁力是什麼？

陳炎林著之『太極拳眞傳』中曾對勁做如下論述：「『勁』與『力』在學拳法之前不需要做區分，但在學拳法時就必須知道兩者的差異。然而許多人往往修習數年卻仍不知兩者的差異，是令人相當遺憾。

力由於骨，陷於肩背，而不能**發**；勁由於肌能**發**，且可達於四肢。

力有形	勁無形	力方	勁圓	力澀	勁暢
力遲	勁速	力散	勁聚	力浮	勁沉
力鈍	勁銳				

此力與勁不同。」

如此，中國拳法認爲存在著力與勁兩種力量，按其性質進行比較讓初學者得以了解。然而與合氣道之「氣力」，一般僅表示出現象而未言明其本質。

在此，將「力與另一種力」的關係整理如下：

合氣道	力	：	氣之力
太極拳	力	：	勁

推之　　　　　氣力＝勁？

由此看法「氣力」即是「勁」的可能性很大。下面先闡明「勁」的內容。

李德印著『四十八式太極拳』有如下敘述：

「"勁"與"力"原本意義相同，在太極拳的世界中，"勁"指意識地擁有目的，隨伴技法的力；"力"則指未隨伴技法之普通力而言。

太極拳認爲普通之"力"之外，尚存在著與之有別"勁的力"，而定義是「隨伴技法的力」。

「隨伴技法的力」，換言之，即「技隨伴著力」；然而此處的技，指的是高度純熟的技法。

體術、舞蹈、勞力、手工藝等也是一樣，初學者笨拙地使一下停一下，用力太死故效率不好，容易疲倦；但隨著技巧的純熟，了解肩膀鬆開，不需過於使力的要領，結果提高效率，不易疲倦。

普通稱此狀態爲**不使力**之要領（訣竅）。然而這種看法是錯誤的，其實並非未使力，而是體知勁力的使用竅門。起初，任何人均使用力量練習被指導的技法，熟練之後便能發揮勁力練習招式。能夠掌握勁力的方法，招式便能夠被理想地使用，威力便可加大，即熟練之高度招式隨伴著勁力。因此可定義爲「勁力是隨伴著招式的力」。

> 勁力是
>
> 隨伴技法的力
>
> 技法隨伴的力　　（此爲熟練之技法）

　　接下來根據前書叙述太極拳的"勁力"之性質。

★太極拳的勁力被形容爲如被棉花包住的鐵一般，由外觀看似虛柔，然內堅實，充滿"內勁"。

★經常用到的"掤力"柔中帶剛，如充滿空氣的氣球，看似柔慢卻極具力道，往外張出時，充滿著朝四方擴散的彈力。

★太極拳如紡紗一般地使力（勁力）做招式。亦即勁力以柔慢連綿不絕爲原則。

註：合氣道的恩師亦常提及，合氣招式應如紡紗一般柔慢，以連綿不絕的招式一口氣擊發。

　　下節舉勁力相關的實例來進一步說明。

3. 勁力的性質

即傳達力

　　前節將勁力定義爲「隨伴技法的力」「技法隨伴的力」，以下拳技法（體技）之舉例來討論。

　　任何一種體技高手使來必透勁力；初學者（笨拙）則多用拙力。大多數的人練習體技時慣用拙力，因此以尋常之體技實例是無法解明勁力。所以選用的例子多少有些受限，然而仍以一般常識可理解的例子爲主。

註1：例如第1章引自合氣道之類的書中記載「此呼吸力根據劍道的舉高揮下而進行」，的確劍的操作由藝高明者應用即成爲呼吸力；但笨拙者易流於力技，並非呼吸力均賴劍的操作所形成。因此劍的揮動雖是呼吸的強化法，但並非呼吸力的學習法。

註2：呼吸力也是「隨伴技法的力」，因此也可爲勁力。

第1例　相撲的互靠

「互靠」是將自己的身體貼黏在對方，搖晃身體前進。即有效地利用自身的體重之技巧。（中略）

方法——手伸入對方的腋下，有無拉住兜襠布皆可，以自己的腰部抵向對方，讓對方的身體浮高（搖動），並且予以晃動。逐漸放低自己的腰部，而低於對方的腰繼續推動。當然伸進腋下的手如抱住對方的身體一般，讓對方身體浮高。」引自秀之山勝一著的『相撲』。

因此互靠法使用到搖晃的要訣。若僅視之爲要訣便很單純，然而考慮到搖晃時肌肉的作用就比較複雜。此時彎曲背部後突然伸直發出力量，即以踏緊的腳爲起點，透過伸入腋下的手，將背肌的伸張力用之於對方的身體。伸入腋下的手僅抱住對方的身體並未用力，手僅是背肌伸張力的傳達路線而已。在中國拳法將此傳達之力命名爲勁力，視與手臂直接力不同的力量使用法。

然而日本只認爲「使對方的身體浮高（搖晃）」「連續地搖晃身體，並在每一次的搖晃過程中放低腰部以增進推力。」的技法動作之要訣而已，尚未到達認識身法，即認識自己的身體肌肉之運用法的領域。

第2例 據資深的水泥匠表示，初學者使用手臂塗牆，因此很快地感到疲倦，更遑論大型抹子了；可是高手使用大型抹子輕輕鬆鬆的塗牆，一點也不覺得累。其訣竅在於不使臂力而是使用腰力。

使用腰的動作（技），表示手臂放鬆伸直作動作。如果手臂身體的前面堅硬（屈肌收縮）則很難做到此動作，因此可以了解腰的扭動動作，透過背部與手臂的伸肌傳達。其實此動作不僅腰部的扭動為原動力；背肌的伸張力也是主要原動力，而以手臂的伸肌作為傳達路，集中於指尖。所以手臂比較不疲倦。

這樣的傳達力即是勁力。

第3例　舉重之抓舉

為了了解合氣道使氣不使力的訣竅，對於極費力的舉重是否有所幫助？現引用健身雜誌說明如下：我完全是門外漢，抓舉技法可以舉高很重的重量。以下引自 MUSCLE & FITNESS VO1.3 88'。「抓舉（中略）分為立舉（中略）和可舉高更重重量的蹲舉兩種。蹲舉，是拉高舉重器，以蹲的要領、腰部放低，依靠伸展的兩手臂撐住重量。保持身體平衡，不要曲肘，也不要下壓，直接站起來。（中略）抓舉是將舉重器拉高，迅速潛入舉重器下方，再迅速站起來。舉相當重的舉重器時，不要**用手拉高舉重器**，而充分應用強勁的腳力舉高較佳。（中略）想舉高舉重器時（中略）自己要有沈入地板的感覺反而能舉高舉重器。一旦舉重器離開地板，速度切忌放慢（中略）當桿子將越過膝蓋時，因為抓桿會在

抓舉
（ M USCLE & FITNESS vol. 3 ʼ88 ）

直線上上升，因此要加快速度，迅速地彎曲膝蓋（曲膝）。在此位置上無法巧妙地運用全身的彈力（由於如此才稱爲抓舉），所以再度地彎曲膝蓋而"曲膝"，利用背部的槓桿原理之力量。彎曲時（中略）同時伸展腰部或背部而完成拉的力量。

到此爲止，抓舉的動作主要依靠**背肌、腹肌、腳部肌肉進行。其實這些部位**才是眞正發出力量的地方。

其次，轉換爲第2拉引動作，在此時拉桿的動作持續上升，爲完成第2拉引的強烈拉引（最佳的姿勢爲抓舉，這種拉引的感覺不太強）時，重心移向腳尖，（中略），至此仍未使用手臂。

在拉引至最高的位置之時，迅速地將自己的身體潛入拉桿下方（中略），進入拉桿下時，雙腳必須緊貼地面，否則無法發出最大的力氣。優秀的舉重選手往往能利用地板作爲基台獲得力量。（中略）傑夫·艾伯遜」（粗黑體爲筆者所註）。

依此說明，欲將舉重器舉高頭頂，須①並未使用臂力，②最佳的姿勢強力拉引時，手臂並未特別出力。則將舉重器高舉是依靠背肌、腹肌、腳肌之力量，手臂僅爲力量的傳達路徑罷了。因爲強力之拉引依靠著屈肌進行，會感受到強烈的拉力感，但僅將手臂視爲力量的通道，其通道爲伸肌，因此不會感覺到拉力感。

如此，將背肌、腹肌、腳的肌肉力量傳到指尖，可舉高僅靠臂力是做不到的重量。中國拳法將這種傳達力視爲與直接之臂力不同的勁力。

第4例 鐵棒 擺動運動
下半身擺動的力為原動力，擺動時利用背肌的伸張力通過被伸直的手臂伸肌，傳到指尖而擺動身體。

第5例 鐵棒 向上翻踢
以腿部的踢力為原動力。利用背肌進行踢腳動作很重要。此力以手臂的伸肌為通道，傳達至指尖，成為抬高身體的力量（集中力）。

第6例 貓的特技
貓的下半身左右擺動，前肢向前移動。身體左右擺動力通過軀幹部，傳到手臂。如此未依靠手臂的力量，而以身體的擺動為原動力，其傳達的便是勁力。

第7例　上海雜技團
的絕技　頭頂跳梯

①不用手腳而以頭頂
登上階梯的技法。

②表演者首先縮腳，

③接著腳往前踢，利
用全身的伸張力，登
上階梯。

④以此方式踢腳而伸
展的力量通過背肌，
傳達頭頂，由頭頂對
準階梯發出集中力。
此被傳達的力稱為勁
力。此勁力即為集中
力。

第8例　例如抬重行李箱到高處。此時提著行李箱前後擺動，趁著盪到前方時順勢提到上方，這種動作在平日常用。

一般認為這個動作順著力勢，利用其反彈，當然很容易抬高。進一步地觀察可知，往上擺動時伸展背部，手臂放鬆伸直下才抬高行李。如此，背肌成為力量之源，才是勁力。日常生活中，我們在無意識之中也常使用到勁力。

這些體技好像各具訣竅彼此之間無任何關係一樣。

其實這些體技之間存在著共通點，亦即**隨伴技法的力**，是所有一切體技的共同特徵。

如同健身雜誌之記載「到此一階段的抓舉動作，主要依靠腹肌、腳的肌肉所進行。這些部位是真正發生力量的地方。」說明一般，並非直接使用手臂的力量，其力量的原動力是腳伸肌的伸張力、背肌的伸張力，手臂只不過是力量的傳達路徑罷了。即勁力並非手臂肌肉的直接力量，而是發生於腳部、軀體部之原動力，通過手臂傳達指尖的力量。

將體技站在「力的運用」之角度上予以概括，則勁力亦即合氣的呼吸（合氣之力）。

註：勁力不僅傳達指尖而已，例如頭頂跳梯之例，力量傳達到頭頂。與此相同，在體之合氣是可以對身體的任何一部分傳達力才行。

4.勁力的功能及其認識的意義

勁力（傳導力）形成集中力

我們再回到何謂「力的集中」問題上。力的集中與力感瞬間的最大不同，在第1節已經敘述過。接下來討論隨伴技法之力的勁力。到底勁力與力的集中有什麼關係呢？

招式如實例所言，其主要是針對某部位集中力量，因此，「力的集中」使用的便是勁力。然而如前節所述，勁力也是傳達力或者間接力。因此，所謂「力的集中」表示發生於腿部、軀體部的原動力傳達而集中於一點上。

這種傳達力只對手臂的肌肉之直接力發揮強大的力量，因為以強大腰背部與腿部伸肌作為原動力，透過手臂使兩者的綜合力（無力之感）集中於一點。此力可以藉由技術予以增幅、加速、微妙之特性。

力的集中 ＝ 勁力的運用 ＝ 傳達力的運用

有關「勁」的概念之技術在日本武術也存在著，因此有些人主張不需借用中國的用語而以日本武術的用語來說明。但這些技術普通地存在是理所當然的。無論拳擊、高爾夫球或者其他體技、舞蹈等，熟練者大多使用勁力。然而利用這些勁力與是否了解這些技術是兩回事。

為了有效地使用技法，我們被傳授某些訣竅（秘訣），苦心練習之後發現，只不過是個別技法的訣竅而已。

例如在下圖，我們可看到擺動、搖晃、反彈等之波形山峰

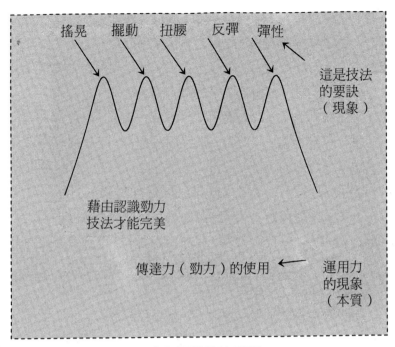

搖晃　擺動　扭腰　反彈　彈性

這是技法
的要訣
（現象）

藉由認識勁力
技法才能完美

傳達力（勁力）的使用　←　運用力
的現象
（本質）

勁力認識的波形圖

。可是，就如同山峰被雲所阻擋，未能發現原來是同一座山峰。由於如此，各自認爲是不同技法之下，試著尋回其共通性。

可是中國的武術家卻發現躲在雲後之一切共通存在，亦即力的運用法、肌肉的使用法一切均相同。則對於某種技法動作的秘訣角度之外，該技法力的運用角度也存在。依據這種角度看來，幾乎一切的體技（熟練程度）並非依賴手臂，而以手臂伸肌爲傳達路徑，傳達由軀幹所發生的原動力。

像這樣認知純熟體技之「力的運用」並予以普遍化的是中國拳法的勁力。站在勁力的角度再一次地討論技法，技法才

57

能更完美，也才能完美地進行指導、學習、傳承。

　　遺憾地是，日本武術的高人當然會使用勁力，但卻無法以傳授的角度令人明白。由於如此，日本武術並未存在表現其「力」的適當用語。涉川流柔術的氣企圖表達其力，但也因未能達到傳授之認識境界，因而只能表現感覺的「氣」。

　　以此方式改變觀點來看氣力，與勁力相較並無不可思議處，反而是日常普遍的存在。了解之後才能知道原來是如此簡單，只因一直未能改變思考角度，以至於未能發現。

　　日本直至武田惣角的大東流合氣柔術才發現此"共通之力"，即合氣的呼吸（合氣之力）。而這也是大東流合氣柔術在日本武術史上的重要意義（第5章後述）。

　　接著檢證「氣力」，指尖的集中力表示腿部、腰背部的伸張力透過手臂傳達到指尖。本能上手臂自然會出力，這點前面已詳述過。由於如此，放鬆手臂屈肌的力才能使用伸肌，但這需要有意識地訓練，有時需要「氣流」的概念才能實現。如此才以「氣或者心」為重點而命名。

參考 傳達力的性質

傳達力可以瞬間地增幅

關於合氣的技法中，傳達力的性質之一「傳達力可以增幅」的問題簡單說明如下。現在若利用手臂抬高某物，則使用的是手臂的直接力。

與此相較之下，利用槓桿抬高物體所需的力較直接力來得微小，但槓桿另一端所加之力，間接地對物體產生力量，因此可視爲傳達力的一種形式。

筆者在小學時曾讀過關於長矛高手的故事，遺憾的是書名已忘，但是屬於劍道方面的書。其描寫有位長矛高手利用長矛刺進堆在院子裡的米袋，一包包地將這些米袋移到別處。最近同樣的故事內容，以某名人的眞實事蹟被介紹出來。

然而事實能否做到暫且不談，例如接近長矛的先端部位，設定架空的支點加以操作，於瞬間將米袋挑起，似乎是可行的事。

其實，實際上利用前臂合氣或棒之合氣的技法，便是使用槓桿原理。同時我們可了解傳達力的作用，只是在動作的當中才會得到的事實。

傳達力依靠全身的伸張力之加算、加速之外，依技法進行動作也可增幅擴大。

在此介紹這個故事，作爲本單元之討論合氣技法的引例。

5. 發勁的根本原理

體之合氣與發勁

合氣和發勁，均是將全身的力集中於一點，發揮出令人難以置信的威力之技術。當然兩者並非相同，兩者共同的基本原理是「全身的力集中於一點」。

棒球的打擊、投球、高爾夫球的打擊等，多數的運動是將全身的力集中於手指尖，爾後集中於手的延伸道具之先端才行，但其根本原理與此相同。

前臂合氣	手指尖的集力
體之合氣	身體任何一部位的集力

力量集中的原理一言以蔽之，即利用地面與體伸張的對抗力。

所謂全身的力，第一腳踢地面伸張的伸肌群的伸張力，第三腰背肌的伸張力，第三臂伸肌群的伸張力之綜合力。

將全身的力集中於指尖，即將腳尖與地面的對抗力透過第2、第3的伸肌群傳達於指尖的意思。在中國拳法稱此種模式傳達的力為勁力，與直接的臂力有所區別，這才是呼吸力、氣力的實質，前節已經詳述過。

西洋劍的劍尖，將踢地的伸張力和背部的伸張力、臂部的伸張力加算，如65頁照片一樣。腳到指尖連成一線時便可輕易做到（照片上是將此傳達力加速到前進力），但拳法的刺擊與體之合氣，其原理完全相同。

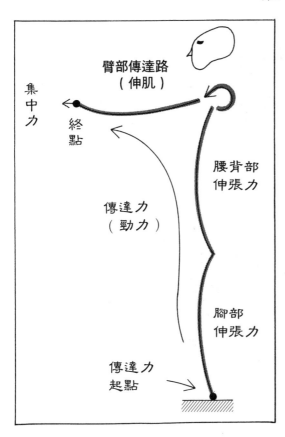

臂部傳達路
（伸肌）

集
中
力

← 終
點

傳達力
（勁力）

腰背部
伸張力

腳部
伸張力

傳達力
起點 →

發勁的根本原理

發勁主要是以地面和腳尖的對抗力爲起點，將腿部伸張力、腰背部伸張力、臂部伸張力加算後，藉著腰部的扭轉予以加速化的技術。合氣的呼吸完全與此相同的原理之技術。

西洋劍的刺擊

以踏腳爲起點，腿部、腰背部、臂部的伸張力加算，以前進力加速，而在劍尖成爲集中力，透過此一姿勢可以理解。

拳法的突擊
採此姿勢進行突擊，是因
可以將背部的伸張力傳達
至指尖，因此肩膀的使力
方式很重要，肩膀必須能
夠自在活動。此處肩膀下
沈鬆開。

單手捕　合氣引手
合氣也是肩膀下沈放鬆，
將背部的伸張力傳向手臂
，手臂採取圓相，轉變為
張出力黏貼對方。

劍術　袈裟砍（斜肩砍）
劍術同樣以背部的伸張力砍
下。圖片上之袈裟砍，肩膀
下沈鬆開，將背部的伸張力
傳向劍身。

以拳法的「突擊」而言，腳的伸張力與背部的伸張力都是垂直伸展，所以容易結合。然而要將垂直的伸張力傳到水平的手臂，其肩膀的處理很重要。許多的技藝均強調「肩膀下沈鬆開」。太極拳便是依靠「含胸拔背」的姿勢將垂直的伸張力與水平的手臂結合（傳達）。

事實上拳法的突擊，將背部的伸張力傳達手臂，而成為集中力。肩膀下沈鬆開，若僅模仿外形，做出「肩膀突出」的突擊動作，似是而非。

當然，合氣上為要將全身的力集中手指尖，肩膀鬆柔自在地下沈。像這樣，無論發勁或者合氣，肩膀放鬆，令肩膀得以自由自在地活動非常重要。

依靠發勁技法，即有效率地發出勁力的技法，在合氣上情況相同，即根本原理是「全身的伸張力之順次加算」。

在此首度提到順次加算一詞，加算即力量由腳底傳來。常見到為了強化打擊而進行強化背肌的訓練，然而單純強化背肌力與傳達發勁力不同，因此僅強化訓練無法獲得預期的效果。欲使傳達力完全發揮，背肌的感覺訓練很重要。

有意識地進行技法訓練，為的是令傳達力順暢的傳達路之感覺訓練。

勁力＝腳的伸張力⇒＋背部的伸張力⇒＋手臂的伸張力
　　＝全身伸張力的順次加算
　　⇒在終端形成集中力

以下是李德印著『48式太極拳』的說明：
「太極拳的勁力由腿部發出移向腰部，再傳到手，使全身

的動作一體化。武術上稱此為" 外三合 "。」

太極拳訓練勁力時強調「用意　不用力」，即只用意、不用力，教導集中意識之訓練，不作無意識的動作。因為傳達勁力的伸肌與屈肌相較，其感覺較不發達，因此無法如屈肌自由地操作。尤其是手臂的屈肌感（力感）強烈，必須相當覺察地放鬆（屈肌的緊張）才行。

至於發勁技術，在這種伸張的基本原理之下，再加上技術予以加速完成。例如基本原理是「立定跳」，加速技術則是助跑跳遠的「助跑」。

各拳法派別均發展自己的一套加速技術。如形意拳依後腿的踏步力量加速，以及大腿內側迅急接觸的力加速。或者是利用腳踝「扭轉」加速、慣性前進的加速力、腰部回轉力加速、降低身體加速等，各派均有各自獨特的功夫。

在這些各別的技術裡，例如「腰部放低」等之要領，在空手道、拳擊中也都很普遍，但一般對於這些加速技術均需有覺知地使用。

發勁最重要的是，基本原理與加速技術的一連串技術必須有效地接續，將這些動作在瞬間完美地完成。全面認識力集中的根本原理與加速技術才能完美地發揮。

註：發勁的說明並非只依靠中國武術家的見解，若要完全加以詮釋又非筆者之力所能完成。因此只能依合氣的技法類推出筆者的一些淺見罷了，根據我的推測一般只將加速技術視為發勁技術較多。

陳式太極拳的
高手
丁金友老師

蓄勁動作
準備發勁的瞬間，背部略彎，採取強力伸張力的體勢。

發勁技術的全面認識

①**根本原理**　全身伸張力的加算技術(傳達技術)
②**加速技術**　利用前進力、慣性力、回轉力、下
　　　　　　　沈力等

6.傳達力的障礙點

用力會阻礙傳達

傳達力（勁力）的起始點在腳底，這裡是與地面的對抗力最初的原動力。即最初的原動力是腿部伸肌的伸張力。使用腿部伸肌的伸肌力時，未必需做出伸展腿的動作。使用腰背部伸肌的伸張力也相同，未必需做出背部的屈伸運動。

腰部放低也能發揮腿部伸張力，以這樣的運動而言，在使用腿部伸張力的目的意識之下，認爲基礎最重要。即腿腰很重要的觀念，進行強化腿腰的運動，如跑步運動等很普遍。

關於腿部的伸張力比較不會產生問題，因爲腿與動物的後肢相同，屬於「踢、伸」的部位。因此可感到伸張力「力強」的感覺，只要順從本能強力訓練，自然可使用腿部伸張力。由於如此，使用腿部伸張力的「踢」之動作，基於同樣的理由，依靠單純的重力訓練及本人的功夫（連少年）也能進步。

關於身體的伸肌與屈肌，必須有如下程度的知識：

腿 部	前面爲伸肌	後面爲屈肌
軀幹部	背面爲伸肌	前面爲屈肌
臂 部	手背側爲伸肌	掌側爲屈肌

腰背部的伸肌（脊椎起立肌）是腿部伸張力的傳達路，同時也是第②的原動力。腹部爲屈肌，可是這部分的中心被意識爲丹田，成爲腰背部伸張力的出發點，也屬於回旋運動（

纏絲）的中心點，所以屈肌的緊張也是必要的，這點極爲重要。

可是，同樣屬於軀幹部前面的胸部屈肌的緊張完全會減弱腰背部伸張力，阻礙傳達。例如強化胸部的肌肉（大胸肌），無法發揮出強勁的突擊已是常識。

由於這種傳達力接著會通過肩膀，因此肩膀必須放鬆自由活動才行，這點前面已叙述過。肩膀一緊張，傳達力便停在肩膀。

手臂的緊張是傳達力最大的障礙點。第2章提過手臂本質上是收縮的部位，將屈肌的緊張感覺成力量，因此愈想「強力打擊」「擲遠」，手臂的屈肌反而愈緊張。

如此，應該使用伸肌的力，卻反而引起屈肌的緊張稱爲「用力」。即手臂的用力是傳達力最大的障礙，更糟糕的是，手臂用力是人的本能，而這正是問題所在。

傳達力·集中力的問題點

①腰背部的伸張力，會遭胸部屈肌群的緊張所阻礙。
②通過臂部的傳達力會遭手臂的屈肌群（尤其是肱二頭肌）的緊張所阻礙。手臂的緊張爲本能的性質，馬上能引起心的緊張。

7.火災現場的蠻力——

一心不亂的力

前節提到「力的集中」是全體伸張力之加算與加速，而發揮出強大的外向性力量。

可是另一方面，依第1章所引用的合氣道之類的書中記載，根據氣、心、體的統一才能發揮出絕大的力量。此統一體所發揮出來的"絕大的力"與「力的集中」有什麼關係呢？

一提到絕大的力，馬上令人聯想到火災現場的蠻力。人在危急的關鍵時刻，一心不亂時，自能發揮出令人難以相信的力量之現象，稱爲火災現場的蠻力。

談到「發勁是全身力量的集中」時，經常有人問「是火災現場的蠻力嗎？」可是，火災現場的蠻力與發勁（力）完全不同。

火災現場的蠻力，在平日絕對抬不起的重衣櫃，卻在此時可獨自一人抬起來，只限於重物而已。這種現象是將人本具有的能力發揮到極限，與依靠技術的「力的集中」完全無關係。

「力的集中」並非人普遍的潛在能力，是依靠技術發揮出來的。（即發勁技術、合氣技術）

人的技術包括武術的技術，爲要彌補人類肉體的能力，而在歷史中逐漸發展形成。

並非能憑著外觀而模仿，或者依自己的努力便能到達的技術。因此未曾學過「力的集中法」之人。不論多麼強化精神

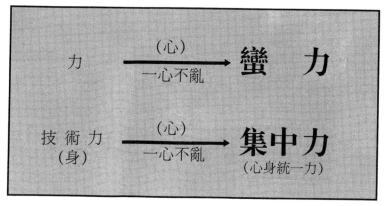

火災現場的蠻力僅限於扛起如重衣櫃般的重物而已。

力、努力心氣體一致，所發揮的只不過是被擴大的力，即火災現場的蠻力而已。

　　因此合氣道的「心身統一體」必須先確定身（合氣技術）才行，即氣、心、體的「體」是表示確立力集中的技術之身體，才能發揮出「絕大力的集中」。

　　然而藉由力的集中法（傳達力技法）的技術，卻以「呼吸力」或「氣」的概念說明，使得一般修習者誤以為藉由精神力與心的修練，便能解決技巧的所有問題，而造成合氣道精進阻礙的原因。

①肱二頭肌發達最阻礙傳達力（集中力）。連最需此力的棒球選手也做這項運動，令人百思不解。

②胸大肌發達也會減弱打擊力、遠投力，因此伏地挺身的作法也需留意。

③腰腿部的鍛鍊是一切體技的基本。因爲腿部伸肌的伸張力是傳達力的原動力。

第4章　前臂透徹力

集中力之透徹

1. 透徹力

透徹物體之力

朝物體內部浸透、透徹的力或者輕易侵透內部的力，依其作用稱之為透徹力。

例如大東流的抓手，在遭高手抓到手臂或前臂之時，無法忍受手臂或手掌的麻痺或疼痛而倒下，其力充分透浸手臂的內部。

以中國氣功鍛鍊內氣（力），或者擒拿術的擒提術相同，遭對方擒住而倒地，其力會朝身體內部有效地浸透。

另外中國氣功上有所謂雙峰貫耳的技法。例如在小孩子的頭頂上放石頭，而在石頭上方放上一片石板，隔住石頭揮下鐵錘，卻將石頭擊破令人 " 驚異的 " 技法。此時的力量充分透浸到石頭的內部將石頭擊碎，而石頭下的頭頂卻絲毫感覺不到力。如果略為遲疑，緊張的手臂因而僵硬，速度變慢，力量在石頭中分散，而成為移動石頭的力量，則頭頂必遭到擊傷。

如果在物體上輕輕加上透徹力，而將此物遠遠拋去。所以欲使高爾夫球飛遠，就必須加上透徹力才行。

TV　氣功表演

揮動鐵錘敲碎石板，但下方的人卻未受到衝擊力。在物理學上這並非不可思議的事，但實際做來卻很難的一種技法。

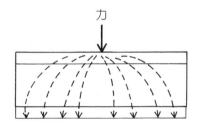

①力量被鈍化而分散，物體移動。

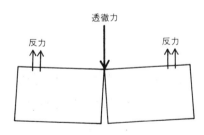

反作用力由物體的慣性力所造成

②透徹力會集中於一點，銳利地浸透內部，而破壞內部。

對重物產生力的模式圖

2. 前臂透徹力

大東流抓手、劍的「手之內」

如何發揮透徹力呢？以下引述陳炎林之『太極拳眞傳』中的說明：

①力澀　　　勁暢
②力遲　　　勁速
③力散　　　勁聚
④力浮　　　勁沈
⑤力鈍　　　勁銳

①②的性質與傳達力的傳達有關；③④⑤則說明傳達力對物體所產生的作用。因此③④⑤的勁才能成爲透徹力。

如此，將傳達力與透徹力區分之後，再進一步探討。

力散　　　透徹力聚
力浮　　　透徹力沈
力鈍　　　透徹力銳

如前節所述，「力」是屈肌產生緊縮力的作用。例如抓對方的手時會盡全力，即爲「力」，結果分散產生鈍的作用而無法制服對方。

充分透徹對方的體內給予疼痛感，或者自在地牽制透徹力，與緊縮力之「力」相反，因此必須依賴伸張力。

由於如此，抓對方的手（指）、打掌、突拳，或者有武器時，抓住武器的手，本身就具有伸張力，在加力時，才成爲

透徹力。

高爾夫球或棒球在打擊的瞬間，加強抓力，或者扭動身體等，進行所謂衝擊力之動作，結果有兩種的說法。有些人強力扭動身體而將球擊遠；有些人則否。然而同樣握力的方式為何產生不同的結果呢？這是握的人以為方式相同，其實兩者之間仍有差異。即前者握法屬於具有伸張力；後者則為緊縮力。前者具有伸張力的握法才能產生透徹力。

在大東流裡使用屈肌力的握法，屬於「素人抓法」或者「全抓」。依此握力（利用握力計測量出的握力）加以握緊拳頭的威力減半，面對高爾夫球或棒球時，也無法發揮出長打力。因此大東流採用依靠伸張力的「半抓握」之方法。

如此加力於物體，使力量透徹其內部，使力的部位必須具有伸張力。就人而言，主要是前臂部，因此依靠前臂部的伸張力發揮透徹力最重要。這可解釋為由肘到指尖，集中力量發揮的意思。

依靠前臂部自體的伸張力，自在發揮透徹力是最重要。以下我們稱之為「前臂透徹力」

完成這種前臂透徹力可做出銳利透徹的打擊，以及自在地牽制他人的技術。從前的劍術家稱之為「高明的手之內」。

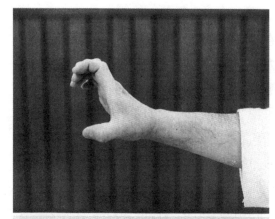

大東流的「半抓」

①左圖爲半抓的手形，半抓是憑勢伸張力的抓法。此抓力強勁具透徹力。與中國拳法的鷹爪手相同。

②由下方以半抓抓住手臂後推高，瓦解對方架式。

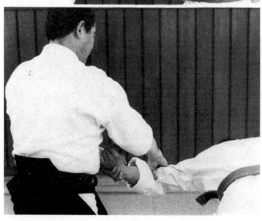

③反抓手臂壓下。依此半抓方法，可解決強力抓與自由活動兩者間的矛盾（如果用力全抓，則動作中止）。

陳式太極拳的拳形
陳式太極拳爲了保持伸張力，並不是握緊拳。發勁的力藉由此拳形成爲完美的透徹力敲進體內。

照片是
陳式太極拳的高手
丁金友老師

陳式太極拳的掌形
也是重視伸張力的掌形。將拇指丘內縮，與大東流揚手的掌形相似。
示範　丁金友老師

77

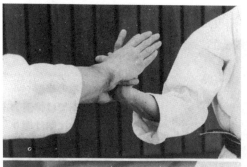

①前臂反手
用拇指丘的透徹力攻
取手背。

②反手背
同樣以拇指丘的透徹
力反扭。

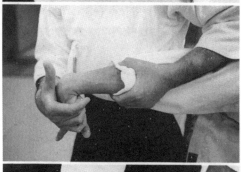

③大東流第2個條　中
　段的突擊
將掌心的透徹力透向
手背。

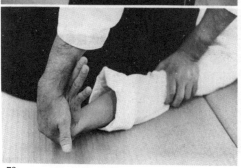

④1個條應用的絕招
使用掌心透徹力透向
手背的絕招。

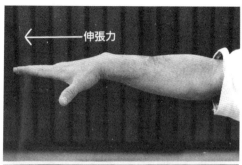

空手道的正拳
空手道是創造出最強
強度的加力部位與共
有伸張力的拳法。
①伸直手指作成貫手
。雖然伸張力強，可
是加力部位（指尖）
物理的弱爲其缺點。

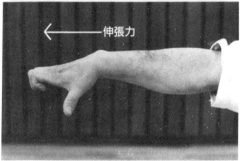

②避免因貫手而喪失
伸張力，反折第二關
節，作成平拳。由於
如此未喪失伸張力增
強加力部位的強度。

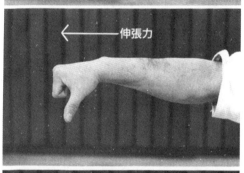

③避免從平拳喪失伸
張力之下，更深入地
握住，

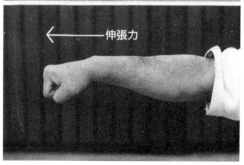

④拇指輕壓維持正拳
。如此熟練者的正拳
與初學者使盡力氣握
住的正拳形相似，但
內容全異。

3.傳達力與透徹力

透徹力的問題點

在第3章我們討論過透徹力在終點會成為集中力，一般均認為集中於一點當然會透徹物體，然而事情並非如此單純。因為被傳達的集中力會通過放鬆的手臂，然而欲將集中力加在物體上，必須使其接觸部堅硬的問題產生。

例如輕握棒球棒或高爾夫球球桿，進行打擊之時，球棍可能會脫身飛出。因此必須某程度地出力才行，同時，拳擊時，手放鬆可能會傷到手。

因此必須讓接觸部堅硬，為了達到此目的便產生了2個問題。第一，如果接觸部（主要是手掌）堅硬，則手臂的屈肌會緊張，那麼刻意放鬆的手臂又再度緊張。當然手臂的力量會阻礙傳達力。

第二，以手掌作為武器堅硬時，或者欲強力抓拿道具時，表示須依靠屈肌的作用。由於如此，特地從腿部傳到腰背部、臂部的傳達力，傳到接觸部因為本身的緊張，結果傳到接觸部便停下來。

接觸部的矛盾

①接觸部堅硬、手臂用力，傳達力受阻。可是放鬆手臂，接觸部放軟便無法打擊。

②由於接觸部自身的緊縮力，傳達力便停止。

為了解決此矛盾，需要前項說明的前臂透徹力，接觸部自

身擁有伸張力發揮透徹力的力量。如果無前臂透徹力無法有效地在物體上加入傳達力。

爲使集中力（傳達力）成爲透徹力必須擁有前臂透徹力

現在將問題整理如下。「打、突、投」之運動欲發揮強大的威力，必須具備綜合全身的伸張力，作爲集中於一點的集中力之傳達技法，和使集中力作用於物體上的透徹力之**前臂透徹技法**二種技法。

大東流依靠前臂透徹力而發揮出普通的柔術技法以及前臂之合氣效果。可是必須驅使傳達力才能達成體之合氣。根據黃耐之著『古傳太極拳』稱爲要學習太極拳的修得課程，首先須學剛柔之法，即力的集中法，最後爲點穴術。關於點穴的目的根據我的推理，並非重視要害的知識，而是追求指尖透徹力的完成。

由於如此，依此看法將「打、突、投」的二種力之運用法與技法的關係整理如下：

	傳 達 力 技 法	前臂透徹力技法
太 極 拳	發　　　　勁	點　　穴　　術
合 氣 術	體 之 合 氣	柔術技和前臂的合氣
高爾夫球	揮　　　　桿	握　　　　桿

4. 透徹力的鍛鍊

大東流鍛鍊技巧的目的

以合氣道為始的日本武道何以多用反手技法呢？有這種疑問的人很多。尤其中國拳法多用反肘招法，抱持著這疑問的中國拳法修習者也很多。

我們引用合氣道相關之類的書來回答這些問題。

「以修練法的特徵而言，由傳統日本的生活樣式所產生的腿腰鍛鍊的坐招，以及朝活動關節以圓形操作的關節招。」『由照片學合氣道』」植芝守央著。

「總而言之，合氣道的動作一般人在乍見並不特別察知到這些動作的『自然運動』所形成。例如屬於關節招的『前臂回招』『反前臂摔』等，並非像柔道或其他柔術系統之"反轉"關節的技法，而是朝關節容易彎曲的方向慢慢地反曲。因為"反"是不自然且無理、危險的。因此合氣道絕對不抓反，而是照著『自然的活動』將關節反向容易彎曲的方向，這也證實合氣道『自然的活動』之事實。」『合氣道的心』植芝吉祥丸著。

在大東流合氣柔術中，反握是鍛鍊技之一。提到鍛鍊技一般認為即強化手腕以免遭到反握的目的，但不僅如此，這僅是成果之一，其首要目的在培養「前臂透徹力」。在實戰時，由於腎上腺素的分泌，往往即使手臂折斷也不會察覺，處於興奮狀態之下，手腕不覺得疼痛。由於如此手腕的反握，當實戰技的價值較少（但奪取凶器時可當作實用技。理由後

述。)

　　前臂透徹力的鍛鍊是強勁對方的手予以反折之操作。不論如何地出力練習，均不會受傷，即反折手腕的優點。其鍛鍊法是大東流第一個條至第四個條的技法。尤其是三個條的抓手(表裏)、四個條的抓手是大東流獨特的前臂透徹力鍛鍊法。

　　藉著大東流第一個條至第四個條的鍛鍊養成「前臂透徹力」，而後再應用五個條以上的肘招或合氣招、絕招等。擁有前臂透徹力肘招才能成爲實戰技。另外，若未能習得前臂透徹力，而只練習合氣招法，也是無法應用手臂的合氣。

　　第二，由於手腕的反折之訓練，才能培養柔軟強勁的前臂肌肉，結果可鍛鍊出不怕反折的手腕。對應此種強勁的手腕欲使反折奏效，那麼「透徹力」與「應用透徹力的角度」很重要。因爲手腕的反手並非僅使疼痛便夠了。

　　由反手招養成的前臂透徹力可令打擊的威力提高。

　　在空手道的情形，如同武器的拳頭本身能否發出透徹力，造成的打擊力差距很大，在前節已經叙述過。從這個角度看來，大東流合氣柔術的反手訓練，可直接視爲打擊訓練。

　　手腕的反手招並非實戰技法，而是以養成前臂透徹力爲目的。根據前臂透徹力的輔助肘招等的實戰技法才能實用化，也才有可能達到前臂的合氣，因而提高打擊的威力。

　　爲參考之用，以下介紹拳擊的前臂透徹力鍛鍊法。在美國有強化出擊力之傳統方法，就是**依靠砍柴**。由於砍柴，手臂的肌肉收縮的方法，與進行擊拳時的肌肉使用法相通」。(『拳擊是科學』　喬小泉著)

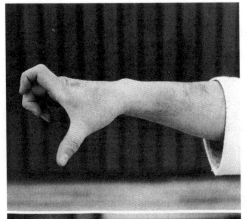

①食指根
前臂透徹透力應該是
前臂部的任何一部位
均可發揮才行。一個
條逆式三個條抓手、
四個條抓手皆由食指
根發揮出透徹力。這
些技法皆以鍛鍊抓的
透徹力為其一目的。

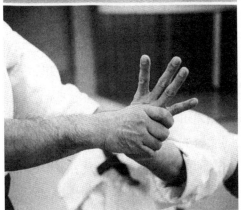

大東流一個條逆
以食指根的透徹力攻
擊手背的要害。
註：前臂透徹力可隨
　　心所欲地由指尖、
　　拳、掌心、掌根、
　　拇指丘、食指根、
　　拇指、前臂、肘等
　　部位自在發揮透徹
　　力才行。

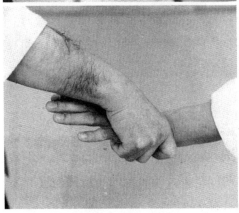

③**大東流三個條抓手表**
養成利用**食指根**抓握
的透徹力。可以養成
透徹力令招式成為實
戰技具有實用價值。

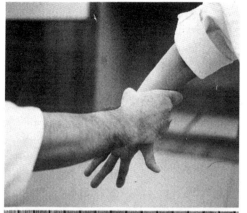

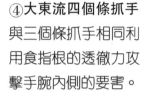

④大東流四個條抓手
與三個條抓手相同利
用食指根的透徹力攻
擊手腕內側的要害。

⑤大東流二個條逆(1)
照片是正面打的攻擊
，採取二個條逆的技
術，以鍛鍊「抓的透
徹力」為目的。此技
法在袖捕可以當作實
戰技。

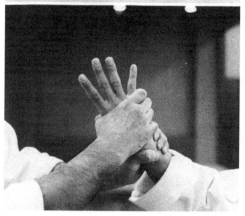

⑥大東流二個條逆(2)
⑤的部分擴大圖。受
方以兩手半抓的要領
抓住取方的手腕與手
掌，稍微扭向反折。

①**大東流三個條逆**(1)
照片是以三個條逆對
應正面打攻擊,同樣
以鍛鍊「抓的透徹力
」爲目的。此技法在
女子防身術上屬於實
用。

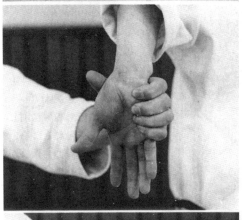

②**大東流三個條逆**(2)
受方以半抓之要領抓
住手掌,立起掌扭轉

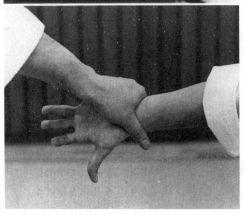

③**大東流三個條抓手裏**
以拇指腹攻擊手腕內
側的要害。利用拇指
養成抓的透徹力。

陳式太極拳

　　新架一路　初收

①採取手肘的反手招
。陳式名手　丁金友
老師

同上

②以上圖的姿勢抓手
肘反轉的情形。大東
流將肘招整理成七個
條。

陳式太極拳

　　新架一路　獸頭勢
抓住手腕，以手刀利
用手肘的反轉予以壓
制。這是大東流四個
條至六個條發現的技
法。

參考　大東流合氣柔術　反手招系統大略

一個條逆 ⎫
二個條逆 ⎬ 手腕關節反手招 ⎰ 將手腕關節反折到彎曲方向，所以不會傷到手腕，可藉此鍛鍊透徹力。以鍛鍊前臂各部的透徹力爲目的。
三個條逆 ⎭

三個條抓手表 ⎫
　同　上　裏 ⎬ 以鍛鍊抓的透徹力爲目的。
四個條抓手 ⎭ 大東流獨特的透徹力鍛鍊法。

四個條逆 ⎫
五個條逆 ⎬ 肘關節　過於認眞可能有傷到肘部的危險。
六個條逆 ⎰ 反手招　實戰技。
七個條逆 ⎭

八個條逆　　　無主體。

九個條逆　　　？

十個條逆　　　？

奧義秘傳技　　絕招

合氣極秘傳　　？

第5章　何謂合氣？

探求合氣的始點

1.合氣道的源流

武田惣角的大東流合氣柔術

合氣道　　合氣術　　合氣之法　　合氣之技

　　如此排列，可能每一個人會產生，「合氣」到底是什麼的根本疑問。可是合氣類的書上始終僅以「氣的力・心力・呼吸力」為說明而已，從未說出最重要的「合氣是什麼？」的問題。到底合氣是什麼呢？

　　最先使用「合氣」一詞的派別是武田惣角的大東流合氣柔術，為了探討合氣的意思，必須回溯到合氣道的源頭大東流合氣柔術才行。

　　至於武田惣角之前的「合氣」一詞的用法，大略如下：

(1)　『日本劍道教範』　高野佐三郎著

　　「要擺脫合氣之事，強敵來襲以弱應，弱襲則以強抵，由眼睛處出，則從下段的拳下攻擊，從下段來攻，則由眼睛上方用力加以制服，排斥合氣的攻擊為要。」

(2)　天神眞楊流傳書

　　將浮鏢以指尖壓入水中，浮鏢不沈而反轉，纏住指尖不離。此狀態稱為合氣。

(3)　立川文庫『宮本武藏』明治44年發行

　　「……正當方式射來之箭無論幾千枝往身上射來，我皆能招架檔之。然而若卑劣地以合氣之法控制我之自由，箭射前來

，則如射在死物一般⋯」（合氣之法又稱爲合氣遠當之術）

武田惣角的合氣柔術，是接觸的那一瞬間，敵人不知所以地身體的自由遭剝奪，而任其隨心所欲地拋擲、反取，或者扛抬。

惣角，似乎於明治末年至大正時代出現在立川文庫中，坊間流行的「合氣之術」中的「奪取對方的自由」之技術，發現與自己的技術一樣，因此借取「合氣」一詞，將自己的柔術取名爲合氣柔術。

坊間曾就各種文獻中試圖探求「合氣」一詞的根源，甚至有人在中國的文獻中發現合氣的用語，因此以中國爲關聯加以解釋，然而如果大東流合氣是由武田惣角所創見，則那些人的努力勢必徒勞無功。

註：繼承大東流合氣柔術的「合氣」用語以及技法，並且加以發揚光大的是植芝盛平翁的合氣道。另外，繼承武田惣角的技法而普及全國的是奧村龍峰師範的八光流柔術。從合氣道至八光流，產生許多合氣道的派別出來。正確傳習武田惣角的直傳技法的是正傳大東流合氣武術宗範的佐川幸義先生。武田惣角先生的法統一度被寄託在其高徒佐川幸義先生上，其後由大東流合氣道宗家武田時宗先生繼承。其他武田惣角的門人堀川幸道之門下的合氣六方會岡本正剛先生爲首，有幾人也繼承大東流合氣術。

註2：武田惣角先生最後的幾個弟子當中，以其傳承者自負，取名爲大東流合氣柔術總主名號的山本角義先生，本書46頁曾記載。

2. 狹義的合氣

化解力的武術

何謂合氣？

津本陽著『鬼冠』一書中有如下記載：

「惣角淡淡地說：

『合氣就是化去對方的力，使其無法抵抗的技法。合氣的呼吸若自身未體得，則無法由口傳……』

『合氣基本上是活用鍛鍊兩手來進行，精進至奧義之後，全身無非是合氣，全身的動作隨時可成為合氣摔的架式。……』

武田惣角的眞傳弟子佐川幸義先生表示，合氣絕不神秘，是可以用道理說明的技法。

觀看佐川先生的技法，只能讚嘆如同魔法。然而合氣似乎是唯一流傳下來的日本武道的精髓。

我看佐川先生手腳並未做任何動作，但將前來拿住他衣領的對方拋向空中，感覺非常害怕。

盛平遇到惣角時以父執輩待之，也因合氣的神秘威力而震驚。」

繼續詳細說明如下：

①「合氣是化去對方的力於無效化，令其無法抵抗。」武田惣角如是說。令對方無力抵抗的大東流技法稱為「合氣的發動」。武田惣角的大東流合氣柔術，是先「發動合氣」化解

敵人的力氣，使其無力抵抗之下，再進行技法或者摔法。

至於相撲亦有先減弱對方攻擊力的前置操作；柔道在發動招法之前亦必先瓦解對方。

因爲爲使摔招或者關節招奏效，除了在力量上造成差距之外，須先瓦解對方身體的平衡，使其無法施展力量。

將各派別比較如下，可清楚了解：

大東流合氣柔術	合　氣	+	發動（反手、摔）
講道館柔道	作　招	+	發動（摔）
相撲	前置操作	+	發動（摔、貼近）
太極拳	化　勁	+	發動（踢、刺）

不論是合氣、作招（瓦解）、前置操作、化勁等，其目的均爲化解敵人之力於無效化，當然各自的技術作法不盡相同，亦即並非「**合氣等於瓦解**」的意思。在此，將「武田惣角獨特的化解力技術」稱之爲合氣。

註：也有人傾向於將「瓦解」與「合氣」等同看待。

②「合氣的呼吸若自身未體得，則無法以口傳授……」

這種「合氣的呼吸」，表示發動合氣的技法時，使用"力"的運用法。亦即**隨伴合氣技法的力**，以之前的定義，指傳達力技法及前臂透徹力。在合氣道上被強調爲氣力·心力·呼吸力等。

前章我已經詳細說明過，此"力"是根據身體的伸張力（伸肌的收縮）之透徹力。

如此，將身體的伸張力之概念導入，而取代氣的概念，則「除自身能體得，否則無法以口傳授」之「合氣的呼吸」，對初學者而言較容易學習。

①掤——迎接對方，詳細注意取方出招的方式。

②鬆——削弱力量、改變，使對方打空瓦解對方的架式。
註：這就是四兩撥千斤，即以150公克的勁力撥開600公斤的力量所表現出的化勁動作。也就是讓對方的力量移開、躲開、流走的技法。

③放——集中力量，攻擊對方。

楊進先生指導
內家拳研究會會員的推手

94

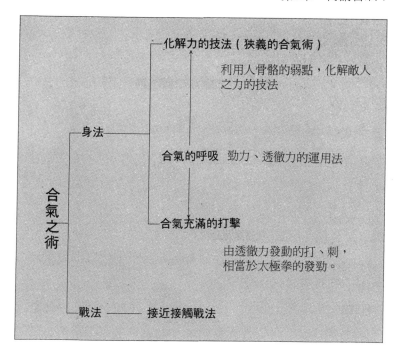

③「合氣基本上是活用鍛鍊兩手來進行，精進至奧義之後，全身無非是合氣，……」

大東流爲了修得透徹力，先從兩手捕揚手訓練開始鍛鍊，已如前述。前臂部能夠隨心所欲地發揮透徹力之後，就可做到「前臂的合氣」。接著使用傳達力的技法，使各部位均能發揮透徹力。「全身無非是合氣……」，指的是全身任何的部位皆可發出透徹力。

佐川幸義先生稱之爲「合氣的鍊體」，認爲達到合氣之鍊體，則「動靜皆合氣」，一切的動作均可產生合氣的作用，而超越合氣的一切技法。

3.合氣的源流考據　1

合氣是否爲武田惣角所創？

本節是筆者對於大東流合氣柔術的成立之淺見。

合氣道的源流，大東流合氣柔術，於武田惣角之前的文獻中完全不見記載，其傳承至今仍是謎。惣角曾師事保科近悳（西鄉賴母）的事是惣角死後才爲人所知，各位可能曾感到意外，因爲惣角生前並未談過此事。關於保科近悳以前的傳承，完全不存在。因此我除了由有限的資料中去推理大東流合氣柔術的歷史之外別無他法。

(1)昭和四十二年（1967）所發行的『會津劍道誌』中記載從前會津藩的武術流派的調查記錄，但並無大東流・合氣・御留流等之記錄（大東流在現今的會津地區已相當著名，之前反而不太有名。）

(2)有人提出主張認爲大東流的技術參考小野派一刀流等，理論則參考中國的武術，再由會津藩的高手集智而成。但如果這是事實，在戊申之役，祖國危亡存急之時，卻無優秀的武技用來教育全藩的武士呢？面對國家即將滅亡的時刻，還會堅守——武術的秘密嗎？

根據這些事實只能推測會津藩當時並無大東流的傳承。

(3)西鄉賴母的養子西鄉四郎，被認爲是講道館四天王之一的主人翁姿三四郎的眞實主角，也是柔道高手。他離開講道館據說與他在九州設立大東塾有關。

(4)武田惣角的大東流合氣柔術是以柔道爲假想敵而創立的

，然而視之爲對抗柔道的體制化之想法並非事實。

　反而可能是保科近悳對抗講道館柔道，自許自己才是繼承日本武術精髓的人，因此自負地以大東流命名，亦即日本流的名稱，再由武田惣角繼續老師的遺志，如此才形成以柔道爲假想敵的說法。

　根據最近的說法，當初保科近悳擔心日本體育的將來，因此交待武田惣角普及大東流，然而思及當時會津人的境遇，大概無法站在考慮日本體育的將來發展。因爲當時爲薩長閥占有，在「狹隘的日本遭到歧視」的立場下之會津人，認爲傳承眞正日本精神非我輩莫屬，因此保科近悳才編纂大東流柔術。

　註：大東、諸橋漢和辭典記載大東即東之涯（極東）之國，日本的別稱。即大東流意指「日本流」。

　(5)西鄉四郎於會津出來之際，據稱已有古流柔術的素養。可推知其曾與西鄉賴母學習過大東流柔術。

　(6)武田惣角曾親述過這段事蹟，保科近悳曾對他說「日後僅劍術無以維生，依靠你祖父傳習給你的柔術立身即可」，因而教授他柔術，當時有個同門但已亡（其同門並非西鄉四郎）。

　(7)西鄉四郎在講道館活躍時，最得意的招法爲山嵐與武田惣角的合氣技完全無相似點。雖有人認爲山嵐是六個條的應用技法，但事實上兩者並無類似。

　以上是我所知的少數關於大東流合氣柔術的全部事實。以下根據有限的資訊來探討大東流的成立。

　幕末時代，會津藩尙不知有大東流柔術的存在，由於如此才有御留流或者御式打學說。另一說法是八百石以上的上士

才得以學習，然而根據(1)(2)兩點，並無任何的記錄以及傳承的記憶。

然而西鄉賴母的養子西鄉四郎興辦的是大東塾；賴母唯一的記名弟子武田惣角則取名爲大東流合氣柔術。由於兩者皆有"大東"之名稱，因此被認爲明治時代時由西鄉賴母取了該名稱，同時被推測可能是某一柔術的流派名稱。依我推測，大東流柔術的創始者可能是西鄉賴母。但爲何不是大東流合氣柔術，而是大東流柔術呢？因爲四郎流傳下來的山嵐，與惣角使用的合氣技並無任何類似。也有一說法是西鄉四郎傳的大東流在九州被傳承下來，眞希望能由此觀點比較兩者的技法。

但根據資料我認爲大東流柔術是明治以後由西鄉賴母編著，先敎導西鄉四郎（姿三四郎的眞實主角），後來武田惣角也修得，然後再變革成爲大東流合氣柔術。

推論　大東流的系譜

大東流柔術　創始？　　西鄉四郎（姿三四郎）　創立大東塾
西鄉賴母（保科近悳）　武田惣角　大東流合氣柔術　創始？

參考：西鄉賴母。戊辰戰爭，包括婦女弱孺在內一族共二十一名悉數自盡會津藩主席家的總管，西鄉賴母近悳逃到函館，函館戰爭時，明治二年（1869）四月向軍方投降。明治三十八年（1905）年，（一說36年）歿。西鄉賴母在會津時的歷史約在昭和五十年左右，當時仍未爲人所知，但是最近其功績所受的評價極高。西南戰爭之後，明治政府懷疑西鄉隆盛曾參與謀反，而遭受到迫害。事實在最近發現西鄉隆盛寫給他的二封信函，而被推測西鄉兩人之間可能曾策劃第二次

左　西鄉　四郎　中　西鄉榮之助　右　西鄉　賴母

革命。參照『西鄉征韓論應未存在』窪田志一著

　西鄉四郎（賴母的養子）是講道館創立時活躍的四天王之一，成為小說『姿三四郎』的眞實主角。後來離開講道館前往朝鮮支援天道敎，並到九州參予策劃創立大東塾。

4. 合氣的源流考據　2

前臂透徹力誕生合氣

我認爲學習過大東流柔術的武田惣角是大東流合氣柔術的創始者。這件事是如何發生的呢？我們探討其理由。

根據合氣道諸師範的說法認爲劍道的原理被應用於合氣道。由強調「呼吸力藉由劍舉高揮下的方式訓練」或者「一足一刀的空間」等之說法可得證明。

但我卻認爲武田惣角在劍道的練習上，獲得前臂透徹力與柔術技的合體，因而誕生於合氣。惣角於少年時期肩膀扛著一柄劍離開故鄉會津板下以後，直到會遇西鄉賴母之前，四處流浪磨練劍法時，是現代的我們很難想像他是一位劍道天才。

談論超越世人常識的「前臂透徹力」，需要說明津本陽著『鬼冠』裡所叙述的與佐佐木亮吉之故事。（佐佐木亮吉是佐川幸義正傳大東流合氣武術宗範的小野派一刀流的老師）

惣角得意的技法是前臂打、單手打。年輕時代錬鍛過的身體異常健壯，其小指就如「我的無名指那麼大」佐川宗範如此表示。

惣角被邀請在佐川家作客的時期，某一天晚上於祭典時，全道的劍術家爲對手，但佐佐木亮吉獲勝，惣角則在一旁觀看。回到佐川家的道場時，向佐佐木說道：「你是小野派一刀流的門下。」「是的。」「小野派一刀流很不錯，然而引臂招不好，盡量少用才好。」佐佐木說：「我的引臂招至今

未被人打敗過。」「那麼讓我們來比試比試」，立即讓對方戴上護套，相對而立……，惣角右單手持竹刀，以上段架式閃電般地換上左手握著，身體向左站立，揮劍打中右內臂。然後說：「現在打會痛之處，接下來打不會痛之處」，再一次回復正架式後，瞬間用單手打中佐佐木的右前臂。佐佐木臉色蒼白地說：「我輸了」，將護套取下，其前臂的內脈側（護套綁帶之下）出現十元硬幣般大小的瘀青。武田惣角的前臂打，在正式時並非由側邊砍下，而是從太刀上直線砍下的。

另一故事如下，同樣也是佐川家作客時所發生的事。飼養的三隻雞，其中一隻跳到小孩頭上，頭頂被啄傷流了血，因此生氣地說要將那隻雞殺了吃掉。雞一著慌躲進木柴堆裡，惣角叫佐川家的傭人「趕牠出來」，隨手撿起地上的一塊木片，眾人認為「雖然武田先生是劍道高手，但這件事很困難」。他趁著雞被趕出來時，以右手上的木片丟一次，雞逃向右邊時，他在其後換左手拿木片，再丟一次便打中。其實第一次是為了測量距離。

武田惣角的單手打，具有異常的彈性與強勁的透徹力。如佐川宗範所說：「如他一般的高手出招，僅用單手而已頭便飛了出去」，前臂透徹力才是武田惣角的武技之秘密。我認為其透徹力應用於柔術，才產生了「合氣之術」。談到劍道與合氣的關聯，可說由劍道所鍛鍊而成異常強大的前臂透徹力是最偉大的力量。劍道的決戰原理，當然可直接地通用於於合氣道，同時也可以通用空手道及其他武道。我試為僅有合氣道特別存在劍道的原理，必然性是不存在的。

小野派一刀流　引臂
①受方（左側）伸
出右前臂的肘誘引
取方發動前臂攻擊

②取方受誘擊打前
臂，在撤開刀的那
一瞬間，

③受方擊打取方的
前臂。

武田惣角的前臂透徹力

惣角誘引佐佐木亮吉的前臂，而後身體轉向左側，以單手打擊中右前臂。接著又說「這次打不會疼痛」。接著同樣地再擊中右前臂。

武田惣角的得意技法

①由左邊攻擊之後，改由右手持竹刀，右腳向右跨前。

②左腳轉後拉變更身體的方向，從右側擊打左前臂的技法。連續攻擊右左前臂。這樣子的身體操作是大東流的特長。

參考：

武田惣角在柔術上的得意技法爲「攬手」。據說無論對方如何地攻擊，皆能輕輕地將之抬高頂上。

在劍道上則是前臂擊，即單手打爲其得意技法。據說惣角的單手打是身體左右方向操作攻擊，以正面架式將竹刀直接砍下。

當時惣角曾與以「前臂打」聞名的高手警視廳師範·下井秀太郎比試過，由於惣角先打中對方手臂，也因此下井成爲惣角的弟子而列名於英名錄。然而事實上在先打中一次之後，雙方皆無再擊倒對方。爲了增添武田惣角的權威感，有一種說法表示他曾師事於榊原鍵吉。依據當時的風潮，他可能曾住在榊原道場，至於弟子一說不太合理。榊木鍵吉因曾在天皇面前表演砍靜物切入鋼鐵而聞名，敢向下井秀太郎挑戰的人，在他面前毫無招架之力。這是當時擔任警視廳巡查的富田常三郎（佐川宗範的甲源一刀流的老師）常在警視廳道場所見之回顧錄。

武田惣角曾說他有兩次震驚的經驗。

一次是在中國地區與一名槍術家比武，對方誇口表示可以利用任何道具對他進行突刺，果眞無論如何刺不中他。他與那人拿鐵扇再比試，結果遭那人刺中嘴部、掉了牙齒，惣角拿起牙齒向對方擲去，對方略微閃避時，才趁機擊中他倒地。之前是無法刺中他的。

第二次是惣角有回在九州進行擲鏢，有一人在旁竊笑，那人一腳不良於行。那人說以尖刺人當然很容易，接著當場取出一文錢由上而下丟向柱子，聽說之後無論如何也無法從柱子上拉出錢幣。之後，武田惣角便不再傳授鏢法。

5.大東流與合氣道技法

為參考起見，將大東流技法與合氣道技法的關聯列表如下：

	大東流合氣柔術技法	合氣道技法
第一個條	揚手鍛鍊法	呼吸力養成法
	手腕反手（一個條逆）	固技第一敎
	前臂反手摔	反手摔
	四方摔	四方摔
	入身摔	入身摔
第二個條	手腕反手（二個條逆）	固技第二敎
第三個條	手腕反手（三個條逆）	固技第三敎
	三個條正面打	迴轉摔
	抓手（表裡）	少用
	奪凶器（另傳）	固技第五敎
第四個條	手腕反手	無
	手肘反手	無
	抓手	固技第四敎
第五個條	手肘反手	無
第六個條	手肘反手（實戰技）	無
第七個條	手肘反手（實戰技）	無

6.大東流的特點　1

「瓦解技法」的普遍化

第2節曾解釋狹義的合氣是將對方的力量化解，使無抵抗力的技法，屬於武田惣角獨特的技法，接下來探討創始合氣技術的意義。

相撲以「前置操作」、柔道「作招」即「瓦解」最重要。為了讓關節招、摔招奏效，除了造成力量的差距之外，事先瓦解敵方的身體姿勢很重要。

瓦解敵方的身體姿勢，便是奪取敵方的重心，也就是「使敵方之力消失於無形」。

講道館柔道的創始者嘉納治五郎，以物理學的角度研究奪取身體重心的技法，稱為技法的作招或者瓦解。但其重點放在諸如過肩摔的作招如何操作，腰部摔的作招如何操作等，個別技法的作招、瓦解技巧而已。其方式是在動作當中，主要利用手推或拉使對方瓦解，根據推與拉的方向稱為「八方的瓦解」。

在不太重視「瓦解」技巧的明治初年的古流柔術，他的方式很具效果，尤其是以瓦解的觀點編製而成的足技，被稱為「講道館的腳」聞之令人喪膽，瓦解的概念對講道館柔道的確立是有決定性的因素。

第1節介紹古流柔術之天神眞楊流的「相氣」，可能便是將對方的力減弱、移開、躲開的技術，其概念早在古流柔術便已存在。但是直到嘉納治五郎稱之為「八方的瓦解」，才

以物理學理論加上確立。但此時還稱不上是完整的「瓦解技法」。

明治末年武田惣角首次公開大東流合氣柔術，對之後的武術界產生絕大的影響。

武田惣角的合氣柔術與其他流派的柔術或者柔道之決定性的差異在於，無論抓到身體的哪一部位皆可在瞬間使其力量化於無形的技法，確立了「合氣之術」。並非僅限於個別技法的作招，而是在任何體勢之下，於接觸的瞬間立即瓦解敵方身體姿勢的技法，完成「瓦解技法的普遍化」。

抓到的瞬間使用「合氣之術」，瓦解對方的身體姿勢使喪失力勁，如此便可輕易發動技法（摔招・反手招）。對於不了解其技法的人，均認為瓦解技法非常神秘，其實是非常合理的技法。

以下引用著目的說法：

「柔道的瓦解之具體方式是，依靠自己身體快速的移動力以及臂力，瞬間阻止對方身體的移動，主要是奪取對方下半身的自由技法。武田惣角主要是利用對方上肢各關節（手腕、肘、肩）的構造與機能，憑著自己具現的集中力瞬間浮高對方的『肩』，使對方處於身體僵硬如棍棒的狀態，而後予以摔倒。

無論抓住武田惣角身體的哪一部位，稍微震一下身體便將對方摔倒，這是武田依合氣揚之鍛鍊所展現出的集中力。」
『喧嘩藝骨法』堀邊正史著

關於武田惣角的合氣術，我大概也是如此解釋，同時我也認為武田惣角的集中力(透徹力)可算是在異常激烈的劍道鍛鍊下所體現出來的，合氣柔術的揚手鍛鍊法便是其具體成果。

至於相撲的「前置操作」或者柔道的「作招」等在武田惣角之前便已存在，但並未發展成將敵人之力無效化的技法與理論，因此依技術很難壓制力量勝過自己的人。

將「瓦解的技術」完成普遍化的技術者，是大天才武田惣角的合氣。「瓦解技術普遍化」在日本武術史上具有重大的意義，因此才產生合氣道以及八光流柔術，透過這些武術又形成多數合氣系武道的領域，而且也對古流柔術或者拳法流派產生很大的影響。

然而遺憾的是，武田惣角並未將合氣術完全傳承下來，因此氣力朝向超能力之方向發展，幾乎無人能夠以合理的技法傳承下去。

幸好，傳承該技的正傳大東流合氣武術的佐川幸義宗範的存在被津本陽氏記載下來。同時，佐川宗範曾說明合氣為合理的技術（週刊文春Ｓ.63.5.26號），加上也曾展示驚為神技的妙技，因此必能成為振興正確武田惣角合氣術的強大力量。

註：本書無篇幅介紹詳細的合氣技法，可參照積極公開一向被視為秘密的合氣術之堀川幸道門下，岡本正剛六方會師範所寫的『大東流合氣柔術』及其他。

次頁的三張照片是週刊文春在昭和63年（1988）5月26日介紹武田惣角先生真傳弟子，正傳大東流合氣武術宗範佐川幸義先生的神技。

他如此表示：「我並非使用氣或者催眠術，僅利用簡單的力學而已。當我的四肢、身體接觸對方，根據皮膚內部的肌肉之作用化解對方的力，便是合氣術。」
註：佐川先生在昭和63年5月已經85歲。

合氣道稀有的名人佐川幸義先生的神技
照片提供「週刊文春」攝影・今井正史

7.大東流的特點　2

「透徹力技法」的完成

　　第4節說明過「合氣」是依靠劍道高手武田惣角的前臂透徹力（集中力）柔術技法所完成的。另外第3、4章已談過透徹力是依據全身伸張力的集中才能被強化。

　　佐川幸義正傳大東流合氣武術宗範曾說過：「合氣之鍊體，任何之動作均能成爲合氣。」確定身體可以超越技法。

　　我認爲所謂「合氣的鍊體」，表示任何一無意識的動作，甚至連一根指頭也能發揮伸張力的身體。

　　在此我以透徹體來指稱合氣之鍊體。
關於「透徹體」，『四十八式太極拳』（李德印）有如下的說明：

　　「太極拳必須全身皆表現出"掤勁"，亦即**追求向外張的彈力性之義**，其力雖屬柔性，但必須如同充滿空氣的橡皮氣球才行。」太極拳的姿勢與動作，……如同裝滿空氣的氣球一般，柔性但是充滿力量，極富有**向外張出**，擴展到四面八方的彈力性。」

　　拳法原本便以伸張力爲主，除日本之外，其他的民族於「刺、踢」上的武術也很發達。但日本人僅在加力拉引對方的柔術發達，至於拳法就不那麼的擅長。

　　其原因在於日本人身體是屈肌優越於伸張體。

　　屈肌優越型的日本人，主要擅長使用屈肌力的柔術，但是以柔術的理念而言，卻是以「柔」爲理想。然看古流柔術的

演武被認爲已經實現這點，同時繼承傳統的現代柔術也逐漸有加強力量的傾向。

然而體技的發展方向應是由「屈肌的使用」朝向「伸肌技術」。例如劍的揮動，初學者往往流於力技，但是久學者則以伸肌來使用傳達力（呼吸力）。

又例如「抓」的動作當然使用到屈肌，但「抓」也可進化爲伸肌技術。大東流的「抓手」是中國拳法的「鷹爪手」。最好的例子則是拉單槓，外行人連拇指也用上使用五指，但是體操選手並未使用拇指，僅用四指而已。這便是伸肌技術。一部分猿類的拇指已經退化，數百年來依靠伸肌在樹間盪跳，故而拇指愈來愈退化，這些體技均是由屈肌進化成伸肌技術。

武田惣角的合氣將過去日本柔術追求之理想「柔」，藉由伸肌技術在合氣上的確立才得以實現，具有劃時代、歷史性的意義。

武田惣角的伸肌技術　①前臂透徹力→前臂合氣
　　　　　　　　　　②傳達力　　→體的透徹力→體之合氣

日本人的緊縮體與合氣・發勁（解開五百年來之謎）

日本人的動作與外國人不同，長久以來已被指出。這點在理解合氣與發勁的問題上相當重要。以下叙述說明：

「**外國人的驚奇發現**　日本人與歐洲人在身體的動作上有許多是相反的，這點前來日本的外國人——歐洲人、中國人——均曾指出。戰國末期（中略）的傳敎士也有發現。

其中最明確指出兩者之間相反的動作習慣，是幕末前來日本的英國大使渥爾庫克於『大君之都』一書上的記載。他表

示許多動作或風俗習慣與歐洲人幾乎相反，以下摘錄其內容：（中略）

可是呢！日本人的動作與我們幾乎相反，我們推刨刀削木；但日本人則是拉刨刀削木。日本人拉鋸子鋸木頭，我們則推鋸子，是否日本人皆以拉的方式處理事物呢？但是他們削鉛筆的方式又與我們不同是以推的方式削，而非拉的方式。劃火柴也是推的，我們則是拉的。（中略）

渥爾庫克當然是自我中心的英國人之典型代表，認為日本與英國分別位於地球的兩極，所以動作理所當然相反。」引自會田雄次著『日本人的意識構造』

		舊日本人(緊縮型)	其他民族(伸張型)
體	術	柔道（拉引）	拳法（刺、踢） 拳擊
劍	術	劍道（拉砍）	西洋劍（刺）
刨·鋸		拉	推
	車	大板車（拉） 人力車（拉）	手推車（推） 嬰兒車（推）
農	具	鍬（拉）	圓鍬（推）
火	柴	推擦	拉擦
鉛	筆	推削	拉削

理由一言以蔽之，因為日本人的身體為緊縮型，其他的民族為伸張型。表示日本人較常使用到胸部、腹部；其他民族則擅於伸展背肌。換言之，日本人的姿勢不良；其他民族的

姿勢較佳，伸展背肌。由於如此，**需要出力之動作時，日本人自然地採取拉的姿勢；其他民族則自然使用推的方式。**我認為造成的原因在於椅子生活與榻榻米式的生活之不同。

這點由現代已較少過坐榻榻米生活的青少年明確改變這些特質而獲得證明。這些年輕人個子較直挺，擅長利用伸張力的棒球、足球、高爾夫球等運動；而相反的，對於削鉛筆、拿筷子等動作卻無法靈活操作。

依據前頁的表，需要出力處理的動作往往以拉的動作完成；而較細緻的動作則以推的方式完成。其次，如輕輕伸出手的圓相水跑之架式（第6章2節）為例。背部略彎，兩手自然收縮，伸直背部之後，雙手自然地離開身體的情形是可以想像的。

如果手部收縮靠近身體，處理細部的動作，例如削鉛筆等，如果兩手更貼近的話，則很難做動作，因此自然地推出削鉛筆。手指離開身體，那麼要繼續推向前方則較難，因此以拉的方式削鉛筆。手指離開身體欲做細部的工作的確較難發揮，因此姿勢較佳的外國人多半手指較不靈活。

如此五百年來的謎，從日本人動作上的特點再進一步觀察，考察出力動作與細部工作之間的差距，便可以解釋其原因在於姿勢與肌肉的習慣所造成。然而這種習慣與合氣或發勁有何關係呢？

傳達力（勁力）的原理不外是背肌伸展，手臂跟著伸展，力量向外發出；背部彎曲則手臂收縮。緊縮型的日本人（用力民族）為了體得發勁或合氣，比其他民族更加地困難，因此自然需要特別的工夫與訓練。

8.柔法與剛法

伸肌技術與柔法

理論上日本柔術皆以「柔」爲理想，然而眞正達到「柔」之境界是在武田惣角的合氣柔術之後的事。中國拳法以太極拳、八卦掌、形意拳爲柔拳三法。

爲何稱這些武術爲柔法、柔術呢？是因爲外表看來似乎未使力，但卻可在瞬間發揮出強大的力量之緣故。何謂剛法呢？在柔法、柔拳概念之外的其餘武術均稱爲剛法，即太極拳等之理論成立時，其他的體技或者運動則爲剛法。

旣然如此，剛法是否僅使用力之技術，而不使用「勁力」？並非如此。不論是體技或者運動，能由力技進步到使用勁力（傳達力）才值得稱爲巧者或高手。

那麼柔法、柔拳與剛法（向來的體技和運動）如何區別呢？以下是筆者的淺見，分析如下：

以手臂爲介，進行「打、刺、摔」等之運動，主要使用的肌肉是腿、背部、手臂的伸肌已如前述，不論柔法、剛法兩者皆相同。

普通一般的體技、運動，藉由輔助機器用以強化必須使用到的肌肉以增強體技的威力，這是任何人想當然爾的思考方式。例如訓練舉重的指導員均相信，「強化該技所需的肌肉」才能增加該技的威力。

但這種常識下的方式具有缺點。則僅有少數資質特異者（職業級）才能進步的事實。因爲在強化所需的肌力時必然會

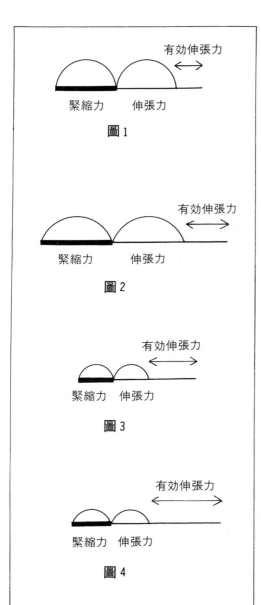

打‧刺‧摔運動手臂肌力模式圖

圖1：普通人進行打、刺、摔之動作時，左側依據屈肌的緊張之緊縮力，右側是依據伸肌緊張的伸張力。能將屈肌的緊張抑制到哪種程度，以至能有效使用伸肌決定於此人的直覺力（素質）。

圖2：運動選手是依靠肌力增加有效伸張力。

圖3：但是放鬆技術上不需要之屈肌緊張，而增加有效伸張力的是柔法、柔術的立場。

圖4：體得屈肌的鬆弛而養成伸肌的感覺之後，開始強化伸肌。如此才能發揮出柔術令人不可置信的威力。

　　註：圖表示緊縮力與差距離無效之伸張力。

同時強化互相拮抗不必要的肌肉。抑制互相拮抗的肌肉之作用（即不加力），而最大限度的使用必需的肌肉，也是素質之一，一般人在強化所需的肌力之同時，與被強化不需要的肌力，力量互相抵消。

前面已經提過手臂自然地會出力，但透過嚴格訓練加以有效克服後，可發揮伸肌的傳達力，但僅有少數的人可以辦到。由於如此，一般的運動或武道（與柔法相對的剛法）僅具有高素質的人才能精進（這是緊縮型的身體之缺點）。

與此相反，「柔法、柔拳」的訓練從認識傳達力作為出發點。因此首先放鬆不需要的屈肌之力，養成伸肌的感覺最重要。運用於傳達力的**手臂和背部伸肌（傳達路及其力量之一）與拮抗的屈肌相比，感覺較為遲鈍**，因此為了加以利用，必須刻意進行訓練。這也是導入「氣與心之力」概念的理由所在。為了獲得伸肌的感覺與強化，氣功的手法非常有效。

因此與一味「強化必要肌肉」的剛法相較，首先放鬆不必要的屈肌和養成傳達力所需伸肌的感覺，之後，才開始強化所需的伸肌是柔法。

註：先從身體操法方面區分柔法與剛法。由此可發展出不同的戰鬥法是理所當然的，但已非本書的討論範圍。

9.柔法的精進法

精進的秘訣、太極拳「用意　不用力」

　　柔法是藉著透徹力、傳達力有意識地進行身體操作而體得的學習系統，前頁已經叙述過。

　　太極拳將這種身法訓練的要領指導爲「用意　不用力」即「使用意不使用力」。「用意」表示有意識地動作，「不用力」表示避免像體操那樣只單純地做肌肉運動。

　　當然這與身體操法的學習有關，戰鬥技法必須在無意識便能加以應用，以熟練爲主，但是本書在探討合氣道的身體操法，因此不談論戰鬥技法。

　　至於「用意不用力」運動將有更深的意義。

　　數百年前我們的祖先是猿類，在森林裡生活。樹上的前進運動稱爲晃盪（手臂），這與在地上以四肢爬行的條件差距很大。手臂的前進是先由視覺確認枝幹，之後扭動後方的腰，以伸向前方的手指抓住樹枝，一旦失敗將會摔到地面受傷。因此不得不形成以有意識的方式從事前進動作。猿類進化爲人類進行勞動（爲達成目的地有意識的行動）之角色，恩格斯曾深入說明。然而勞動或者「使用工具」的前提條件，卻是由這種前進運動的意識所造成。

　　即在樹上生活的初期，雖然意識仍然矇矓，但一心想抓住前方樹枝的目的意識之下，扭動腰部以不甚靈活的手用力攀抓樹枝，反覆地運動。數百年下來，矇矓的意識愈來愈清晰，不靈活的手已經是靈巧地使用，手腳的感覺愈來愈敏銳（

因此也產生指紋），能夠以適當的力道攀枝。

這種意識運動是「有意識地看→判斷位置→抓住→感覺強勁→判斷→以適當的力道攀抓→」之有意識的動作。**其動作的狀態再回饋訊息給大腦製成記憶資料**，再加以判斷是否正確之系統作用。此系統被稱爲負性回饋控制系統。身爲一個生命體進行此運動的意義何在？

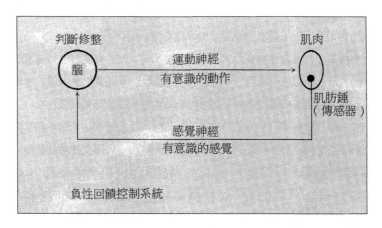

這不過是單純的身體運動，僅是現在所擁有**身體的素質之範圍內運動能力的向上**而已。但在生命體上，將情報回饋給大腦系統的運用，則是系統全體的能力會向上。其結果①大腦發達②可靈活③感覺敏銳的效果產生。即根據武道或運動，依個人的素質決定精進的程度，但柔法的學習與猴子進化成人類相同，**變革爲個人的素質而有無限向上的可能。**

第6章　基礎技術

1. 基礎訓練

柔軟運動·足腰的鍛鍊

日本武道與中國武術對於基礎訓練的概念似乎完全不同。例如四十年前我學空手道時，並未徹底地實行柔軟體操。當時唸的是舊制的中學，劍道與柔道皆屬必修課程，但不記得特別要求柔軟體操或者腿腰的鍛鍊。（但沖繩對於腿腰鍛鍊很徹底）。

日本武道的基礎鍛鍊是「踏四股」或「素揮（揮動）」的程度而已，皆由自己下功夫與鍛鍊。

日本武道與中國武術起初以單練型為訓練的主要模式相反，則以對練型為訓練的特徵。一提到對練型容易誤認為實戰型，但日本武道的型式完全以鍛鍊為目的，至於實戰用的技法均視為秘密不對外公開。

以這種方式能否學會技法或者力的運用法，其實不然。因此日本武道除了偶爾出現曠世高手之外，一般的水準均較低是其缺點。

這與中國武術之為百姓護身強身之用不同。日本武術由武士階段獨占，並無平民化的師徒關係存在。

以古流柔術為例，並未特別注重腿腰的鍛鍊，但必須考慮明治以前日本人與現代日本人體格的差異才行。講道館初期的高手將腰弱身材魁梧的外國人摔倒，令日本柔道因而聲名大噪，但明治時代的日本人與現代的日本人體型上有很大的差異。由於如此，當時的柔術家並未特別強調鍛鍊腿腰部，

但這不表示現在的日本人只需維持當時的練習即可。

　現在日本人與中國人或其他民族相同，坐在椅子生活的情形較多，因此腰腿與他們一樣也變得較弱。但因認爲這是傳統而忽略肌力的訓練，以至於曾盛行一時的柔道遭到外國實力的攻擊而挫敗。

　我們應學習日本武道所缺乏的基礎鍛鍊法，積極由中國武術或各種運動學習的時代已經來臨了。

中國武術　壓腿
中國武術之柔軟法或者腿腰強化法均已體系化爲其優點。日本武道在柔軟運動上有不足的傾向。

中國武術腿腰的強化法
中國武術有站立等獨特的腿腰鍛鍊法。日本武術之傳統鍛鍊法爲踏四股。

2.手臂的基本型　Ⅰ

小笠原流「圓相水流之架式」

日本武道、中國武術、日本禮法、日本舞蹈，或其他一切技藝對於「手臂」的運用均存在著共通點。

手臂的運用方式決定了是否能將傳達力發揮成透徹力（或集中力）。最能強勁發揮出透徹力的姿勢，必是最優雅的姿勢。

小笠原流禮法手臂的基本型稱爲「圓相水流的架式」，中國仙道稱爲「抱一站」（氣功稱爲抱球站）。雖然外形有所不同，但在體術上的意義完全相同。

在日本，小笠原流禮法的敎法「圓相而水流的架式」，不僅武道或其他技藝運用，連茶道方面，也作爲手臂基本的運用法。

圓相，指兩手畫圓伸向前方的姿勢，彎曲的角度不可太過，由內朝外微微張出爲要領。與氣功的「抱」相同，但若直接以字面意思解釋「抱」，如同抱住一棵大樹一般，則透徹力無法發揮。

所謂水流，表示如水由肩膀流向指尖一般，即手指低於肩，沈下肩膀。

「圓相水流」是由手臂朝外發揮強力最重要的條件。

小笠原流
圓相水流的架構
圓相的要領是手臂由內向外微
張。視張開的感覺想像力「通
氣」，但是不特別使用氣之概
念。

中國氣功（抱一站）
又稱抱球站。一是表示宇宙根
源的元氣。站為中國獨特的訓
練法，類似於日本的立禪式。
在體術上的意義與圓相水走相
同。

圓相的手臂
前臂作圓相發揮透徹力。李德
印著『照片學48式太極拳』。

太極拳掤勁

『四十八式太極拳』（李
德印著）

「太極拳相當重視表現掤
勁。即追求朝外側張出的
彈力性」。

單手捕合氣

以圓相的手臂將透徹力向
前發出，發動合氣。即使
用向外側張出之力（太極
拳的掤勁）。

大東流入身落

手臂輕輕伸張做圓相姿勢，
使用張出下方之力砍向胸口
。隨著手臂切下的同時，伸
張背肌是爲傳達力的用法。

**陳式太極拳高手
、丁金友老師示
範被身捶**
①兩手擺出圓相
水流的架式。

②兩手腕被抓時
立即發勁，以圓
相的手臂前推瓦
解對方。
與合氣反手完全
相同！
照片是
左　丁金友老師
右　大塚忠彥先生

圓相的手臂

①圓相伸出的陳式太
極拳手臂。
丁金友老師

②對應諸手捕圓相張
出手臂控制取方（右
側）左手的力量。

③以手解應用圓相的
手臂。以圓張出時，
手指最能有效應用，
發揮出力量。

化解力的方法

人最能發揮出力是直立，水平伸出手臂到手指的部位。即人的力以身體為中心，手臂為半徑所畫出的圓圈內最容易發揮，從此圓向指尖伸出一寸（約3公分）便無法使力，這是老師經常提醒的話。在圓內（力的範圍內），特地使用「圓相」的姿勢最能發揮出力量。

力的有效範圍

①人的力可發揮至手指尖為止。

②僅向前伸出3公分便無法出力。

③與此相反，手肘被壓向體側時也無法出力。

3.手臂的基本型　Ⅱ

太極拳「沈肩垂肘」

太極拳上強調的「沈肩垂肘」是發揮手臂透徹力的條件之一。胸部挺直，含胸不張開，沈下肩膀是為將背部的伸張力傳達至手臂的必要條件，如果肘部提得過高，就無法從手臂發揮出力量。

欲封住敵人的力，破解敵人的手臂之圓相水流，或者破解其沈肩垂肘即可。

合氣揚手架式
為能發揮透徹力，必須做到「沈肩垂肘」與圓相。圓相的要領是將前臂由身體伸向前方。手臂收縮是無法發揮出透徹力。

空手道　上段上受

這也必須遵守沈肩垂肘的原則才能向上方發出透徹力。

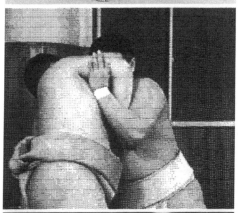

相撲　壓招

相撲，自己遵守沈肩垂肘，推高對方的肘部，封住其力。自己的肘從肚臍處伸出。

相撲　反臂

相撲，反臂抬高對方的肘，破解其沈肩垂肘，封其力。

129

兩手捕合氣
守住沈肩垂肘，使透徹力向上發出浮高對方。

單手捕合氣
自己（左）守住沈肩垂肘，使對方的肘抬高，浮高肩膀而無法使力。

單手捕合氣
自己守住沈肩垂肘，提高對方的肘令其肩膀浮高，封住其力，與②相同。手臂也是圓相。

一個條逆

首先提高對方的肘部令其肩膀浮高，封住其力。

四方摔

肘部伸直，浮高對方的肘部，封其力量之後，採四方摔。

三個條逆

採用手腕反手招之同時提高其肘部令肩膀浮高，而完全封住其力。

131

4.手　　　解

現代的手解之意義

　　日本柔術首先敎導入門者的第一招式是「手解技法」，即手被抓住之後拔出手的方法（拔手法），但這個柔術的用語在日本已廣泛地使用於一切之技藝。

　　爲什麼日本柔術首先傳授「手解」呢？也有人認爲是爲了「避免拔出刀才抓手」，但這是錯誤的說法。

　　其實是受到日本柔術的源流，即古代相撲(又稱手乞)，是從抓住對方的手才開始決定勝負，古代日本獨特規則所留下來的影響。這規則在古記事的國讓神話中曾記載「健御名方神抓住健御雷神的手，手變化成劍刃或冰柱」，由此可推知。

　　這種古代手乞的傳統，除了手解之外，在相撲四十八手或手合的語詞中仍有殘存遺跡。

　　因此在現代，恐怕連近代也是如此，解開被抓住的手之「手解」法實用價值並不高，各流派多樣化的手解法（拔手法）表演（職業化）性質較濃。

　　現代已經不需要學習那麼多招式的「手解」，憑著少數幾種技法也能體會如下的術理。

①手掌的要領

　　藉由充分地伸張指尖，連女性也能發揮出強大力量，也就是古記事所稱之「冰柱之手」。伸張力貫注於指尖才是將透徹力加上對方的重要關鍵。也有人認爲這是「指尖通氣」，但其實不需有氣的概念也可做到。同時就手臂而言，遵守圓

相、沈肩垂肘最重要。

②槓桿原理

充分伸張指尖，運用槓桿原理輕輕地予以解開，如果根據力或勢則完全無意義。動作柔和才是眞正會得合氣的技法。其實勢的使用也是傳達力的一種。

③身體的操作

學習不正面迎對敵方之力量，操作身體入身側面攻擊敵人之原則。

剛柔流十八
諸手捕第1法
①受方的右手腕被兩手抓住。受方立即在取方手臂的下方握住兩手掌，

②豎起右前臂將取方的前臂向外側推開。

手解單手捕（大東流）

①取方（右側）用右手抓住受方的左手腕。受方手腕被抓住時伸張指尖，

②反轉手腕，手背朝上，手臂以圓相張出。有人認爲此架式爲「通氣」，練習時必須有「氣」之概念。

③接著，輕輕地將手肘推入，學習以槓桿原理解開。以順步稍微前進，並非以手臂的直接力，而以身體之前進推出肘部。前臂張出不要拉彎。

手解　單手捕(部分)
①能利用拔技，但取方的手指掛在前臂無法解開。

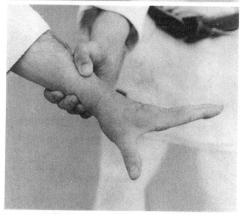

②因此伸張指尖，回轉手臂、手背朝上。由於取方無法用指抓住，前臂可以拔出。

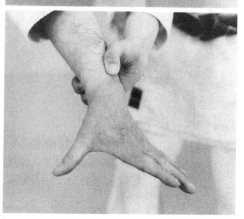

③利用槓桿原理，輕輕地拔出。即以被抓住的點爲支點，輕輕地手指尖拉向前方，手腕不要靠近身體，不要失去手臂的圓相

手解　內手捕

（大東流）

①取方以右手抓住受方的右手腕。受方立即伸張指尖，

②前臂向左橫，以透徹力一口氣地伸直，排開力量。

　　註：不要一面伸張指尖一面做動作

③接著左腳右腳前進，身體在左；從側方靠近取方豎起手刀。

④指尖朝下以透徹力
拉開。

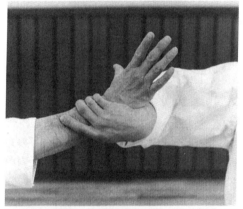

⑤部分擴大。手臂為
圓相立起掌，以透徹
力朝取方的中心線張
出。

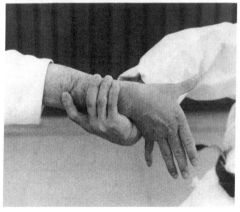

⑥部分擴大。手指尖
朝下誘敵。

手解　諸手捕
（大東流）

①取方用兩手抓住受
方的右手腕。受方立
即伸張指尖，

②踏出右腳，右前臂
爲圓相張出，利用透
徹力將取方的左手肘
壓向取方的身體，封
住其力。取方的力僅
能依靠右手使出。
　註：在此，不要同
　　時按住兩手的力
　　爲要訣。

③受方從左腳將身體
操作到左方，站到取
方的右側立起掌，指
尖朝下，以伸張力切
下，解開手。

手解　兩手捕

（大東流）

①取方從上方抓住受
方的兩手腕。受方立
即伸張兩手指，

②兩臂保持圓相採張
出姿勢，手背朝上，
跨出右腳以拔出左手
。左手在下。

　　註：不要以手臂的
　　　　力拔出，手臂維
　　　　持圓相的架式，
　　　　依身體的移動用
　　　　槓桿原理。

③在上方以右手抓住
取方的右手腕，拔出
左手，使用裏拳打取
方的臉部。

5.從手解進展到合氣

過程「半解開」

被抓住時以「勢」掙脫，容易誘發敵方反射的攻擊，爲能體得槓桿原理，同時體會連綿不絕如紡紗一般的運用合氣之力，大東流在練習手解時特別重視「勿躁急，重穩實」。武田惣角在學習「輕輕地解開」之當中，發現不要完全地解開才能困敵，亦即以半解開的方式，反而能令敵力無法發揮。

我認爲他並且更進一步發展，自己貼近對方封住其力的前臂之合氣；與利用全身之力（傳達力）貼近敵人封住其力的體術之合氣。

同時也因此發展積極接觸敵人，進而控制敵人之作用的合氣戰法，即接近接觸戰法。但與此相反，惣角因爲劍道的修習而擅長於接近戰法，說不定這方面的體驗對合氣的理論構成有相當大的影響。

總之在完成前臂之合氣的過程中，發現了半解技術是不可否認的。因此在修得前臂之合氣的過程中，半解技法相當重要。

另外半解技法所要求的「貼近要領」，是在運用前臂透徹力至某程度之後才有可能做到。

如此運用前臂的透徹力，才以手解→半解→前臂之合氣與技術之程序認識發展。

空手道拔手法
剛柔流十八
諸手捕第2法
①受方的右手腕被兩手抓住，立即將左手從取方的兩臂中間插入，兩手合拳握住。

②趁勢豎起前臂從取方的兩臂間拔出。

③根據此法順勢拔開，在解開之瞬間可能會引起敵人反射性地反擊。

④但若以此方式後，半解停下，取方無法出力也無法攻擊。

單手捕　入射扳倒

(1)（暫稱）

①取方用右手抓住受方的左手腕。受方伸張指尖，

②手臂圓相，拉回右腳，進行手解。手稍微拉出之後停住。用這種方式半解敵力便無法發揮。

③右腳朝右方移動身體，站在取方的前面，左手稍微向外反轉，由上搭在取方的手腕，

④將取方的手腕拉到
腰側，瓦解取方的身
體姿勢，

⑤將掌心抵在顎下一
面推高一面右腳踩前

⑥入身朝後方壓倒。
未使合氣之初步階段
，使用「半解」的技
法爲實用。

143

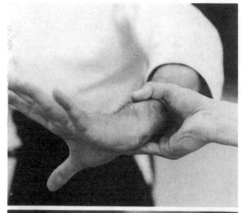

單手捕　入扳倒(2)
與前頁之技法相同。
①想用手解加以解開
，在此停住取方無法
出力。

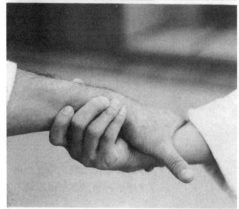

②手反轉向輕輕搭在
手腕，用透徹力拉引
。但若握力太過，順
暢的動作必將遭阻礙
，無法拉引、瓦解取
方。

③至於實戰技，掌心
緊貼對方臉部，依指
尖的透徹力將頭往下
壓，發揮後背骨折。

單手捕　半解反手摔
①取方用左手抓住受
方的右手。

②受方將右手半解，
依靠透徹力將取方的
手肘壓向身體，封住
其力。

③由下用左手抓手掌

④從拇指丘發出透徹
力，一面反壓對方的
手腕一面左腳踩前將
其壓倒。
　　註：因未用合氣，
　　　　故採取半解反手
　　　　摔的技法。反手
　　　　的技法在第7章
　　　　解說。
145

6.前臂的合氣

(1)合氣「揚手」

抓住手腕的情形是否屬實我們不談。「前臂的合氣」是發動合氣的基礎。尤其「揚手」是基本合氣技法中最重要的技法。

昭和16年，帶女兒進香，住宿於柳津的溫泉旅館之武田惣角，因腦溢血倒下，其長男清宗、三男時宗、高徒佐川幸義三人急忙趕到。惣角躺在病床上，雖然意識昏迷，但仍然可以自由地移動右手說：「握住、握住」，有人用兩手往上抓住，但身體卻被輕輕地浮高。似乎在無意識中，想將最重要的揚手秘技傳承下去的樣子。

根據佐川幸義說：「由於如此才體會合氣的極意。」（武田惣角在其後由於密集接受治療而痊癒）。

惣角在病床時想傳給高徒的揚手秘技到底如何呢？我提出此段故事供各位參考，但首先仍以徹底研究揚手最重要。

關於揚手的手部姿勢，武田惣角曾口傳說「如牽牛花一般的綻放」，被認為與八卦掌的技法相類似，但在掌法上而言，這是必然的。

註：「揚手」的名稱是大東流原來的稱別。至於下手、反手、引手之名稱是本書在權宜下所取。

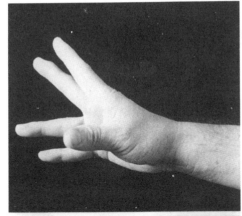

武田惣角的口傳

「如牽牛花一般的綻
放」
手臂以圓相張出。

I.**兩手捕　合氣揚手**
①取方抓住受方的兩
手。受方立即伸張指
尖，

②稍微移向前臂朝上
，發出透徹力浮高其
肩膀，令取方的重心
浮高。接著瓦解其平
衡予以摔倒，即爲"
天地摔"。

Ⅱ.單手捕　合氣揚手
①取方用右手抓住受
方的左手腕。受方伸
張手指，

②前臂略轉，使透徹
力抬高其肘，使其肩
膀浮高，奪取取方的
重心。身體移向左方
，維持沈肩垂肘。

③參考
第三個條單手捕的一手
繼續合氣，繞過取方
的腋下站向取方後面
，面與取方成同方向
，以圓相的手臂發揮
透徹力，壓向前胸
45°角推倒。這是由
合氣變化爲入身摔的
例子之一。

Ⅲ.單手捕　合氣揚手

①受方右手被抓的刹那伸張手指，

②前臂依據透徹力向右振使力量移開，

③身體移向右方一氣呵成地提高肘部，使其浮高肩膀，瓦解取方的身體。

　註：爲了移開敵力所及的限界線，在敵方手臂的半徑內畫圓。一氣呵成亦指透徹力連綿不絕，而一口氣地動作之意，但力量斷絕僅爲手解而已。

封住

移開

運勁圖1

Ⅳ. 扳手捕　合氣揚手

①取方用左手將受方
的右手以扳手型抓住

　註：反手表示扳手
　　。反手是虎口在
　　前的抓住方式。

②受方立即伸張手指
，向外側伸直移開力
量一氣呵成，

③令其肘部提高，肩
膀浮高，瓦解取方的
身體姿勢，封住其力
。②與③的透徹力若
中途停頓則不能稱為
合氣。

封住

移開

運勁圖2

(2)合氣「反手」

I.單手捕　合氣反手
①使用合氣反手。取
方用右手抓住受方的
左手腕。受方立即伸
張手指。
　　註：「反手」在本
　　　書是權宜取名。

②由肘部發出透徹力
，手腕朝上拉高，

③以此架式一氣呵成
地依透徹力壓住肩膀
，奪取取方的重心，
封住其力。

封住

移開

一口氣地

運勁圖3

Ⅱ.**單手捕　合氣反手**
①取方以右手緊抓受
方的左手腕，受方輕
輕地伸張手指，

②依靠透徹力將手腕
圓相輕動拉高，

③直接一氣呵成地不
要中斷透徹力，將取
方的肘部推向身體，
瓦解身體姿勢封住其
力。

運勁圖4

Ⅲ.**單手捕　合氣反手**

①取方以右手抓住受
方的左手腕。受方輕
輕地伸張手指，

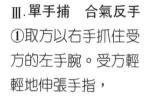

②以透徹力一口氣地
向內側伸展移開力量
，

③不要中斷透徹力，
由上朝下圓相回轉壓
住再封住其力。此動
作若未一氣呵成不算
是合氣。

封住

移開

運勁圖5

Ⅳ.諸手捕　合氣反手
①取方用兩手抓住受
方的右手腕。受方立
即輕輕地伸張手指，

②發揮透徹力朝取方
的右側一口氣地移開
力量，

③一氣呵成地朝向取
方的身體中心線壓住
，瓦解其身體姿勢，
封住其力。

一口氣地

封住

移開

運勁圖6

V. **諸手捕 合氣反手**
①取方以兩手抓住受
方的手腕。受方輕輕
地伸張手指，

②手背一邊轉動使前
臂朝上，一邊用透徹
力圓相拉高移開力量
，

③接下來，不能中斷
透徹力並朝身體的中
心線壓向對方，瓦解
身體姿勢，封住其力
。

封住

移開

運勁圖7

(3)合氣「引手」

手腕被抓住時，僅是將手拉回來，既無法拉對方跟著前來，也無法瓦解對方。合氣「引手」是以透徹力將自己的手貼近對方的手予以拉回。合氣下手的情形相同，依透徹力貼近後才使身體下沈，對方跟著過來。

為了發出透徹力，手指輕輕地伸張，用手指誘敵；一旦熟悉之後，即使手輕輕地握著也能發動。初學者欲強力拉回，而手必握拳，但這也僅能成為牽引力，手因此被掙開（不良示範。次頁）。因此初學者伸直手指反較容易。合氣以貼近最重要。

I.**單手捕　合氣引手**
①取方用左手抓受方的右手腕。受方立即伸張手指，

②肩膀朝前放鬆手臂圓相，向前方發動透徹力將前臂貼近對方，

③以貼近的右手拉回
身體側邊。

④然後用右腳後退取
方跟著過來而瓦解。

不良例子
①然而只是拉手，手
會脫離，初學者握力
時會產生緊縮力，僅
能成為拉力，因此以
開掌為佳。

貼近

拉引

運勁圖8

Ⅱ.單手捕　合氣引手
①取方用右手抓住受
　方的左手。

②受方肩膀向前鬆開
　，手臂圓相發動透徹
　力，使手腕貼近取方

③接著左前臂拉回身
　體內側而瓦解重心。
　右腳同時拉回。

④參考
大東流二個條
依據合氣引手以右手
從下方以反臂抓住取
方的手腕而拉倒。

158

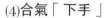(4)合氣「下手」

Ⅰ.兩手捕　合氣下手
①取方由上抓住受方
的兩手腕。受方輕輕
地伸張手指，

②發動透徹力手腕回
轉向上，壓向手腕使
取方的肩膀浮高，

③透徹力不可中斷，
將前臂向下伸直瓦解
取方的身體。

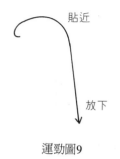

貼近

放下

運勁圖9

159

Ⅱ. 諸手捕　合氣下手
①取方以兩手抓住受
方的右手腕。受方輕
輕地伸張手指，

②以透徹力圓相轉動
手腕，一面抬高一面
右腳踩前，而貼近前
臂。

③透徹力不可中斷，
將右手垂下瓦解取方
的身體。

④朝前甩落。

7.練習合氣的要領

使用與學習

(1)　學習的要領

學習要領區分爲使用與學習兩種。例如正面打之攻擊法並非實戰的（使用面），可是依靠抓手可學習的術理非常多，也很珍貴。

前臂的合氣，在被隨意地抓住也能發動合氣爲理想（使用），可是加力的方法有許多變化，因此不可能在隨便被抓的情形下學會技法。以一定的抓拿方式而確立技法（學習）之必要。

因此爲學習抓法必須以制式化的抓法練習。

(2)　前臂的抓法

首先，合氣是一面養成前臂的透徹力，一面訓練「前臂的合氣」。但前述已提過其基礎在於「合氣揚手」。徹底的進行合氣揚手的鍛鍊，便能養成前臂的透徹力，也才能理解前臂的合氣。於修得前臂之合氣，再發展「體之合氣」與「空間之合氣」。

要修得前臂之合氣，首先必須徹底「學習」，前臂的抓法互相做好規定最爲重要。感知對方以哪種方式抓位，其力的方向，而自在地對應。「合氣是使氣合」之意的教導是應用（實用）方面的說法；至於學習階段首先對特定的抓法確立技法（學習）最重要。在學習階段，不需考慮該技法是否能

實用對應的問題。至於前臂抓法可區分如下：

①支撐手臂般的抓住 ——————— (1)
②固定手臂般的抓住 ——————
③如抓緊臂般的抓住 　　　　　(2)

這三種情形必須個別地加以對應，實用上①與②相同處理即可，練習制式化地被推被拉的二種情形。

(3) 發動合氣的時間

其次是發動合氣的時間，也是三種制式化之情況。

①前臂在將被抓之前
②前臂被抓後對方加力的瞬間
③前臂被充分抓後發動

讓對方充分抓住後發動技法非熟練者是做不到的，初學者容易延誤發動的時間，常在於被抓之後才發動，所以技法無法施展。因此初學者應在對方抓住加力的瞬間發動技法爲學習的重點。再修得「合氣揚手」的鍛鍊。

修得後再進一步研究③與①的情況。①爲應用的技法，當對方將觸未觸及之前發動技法，因此稱爲「氣之合氣」

前臂之合氣的標準學習法
①讓對方以支撐傾向全力抓住
②對方抓住加力的瞬間發動技法
（並非對方抓住的瞬間）

⑷　**乘力發動（乘合氣）**

　除了被抓住之外，尚有「被推、被拉」的情況。除了前臂未被抓住但被推的情形之外，「打、刺、踢、砍」等之攻擊皆以「推」力爲標準，故趁推或拉之力（或格開）加以練習是重要。

　「合氣是使氣合」，故被推之時，乘其力後退；被拉時，乘其力前進。所謂乘力，除了在被推被拉時完全不抵抗之外，還以動作配合。這時的狀態被稱爲「與布簾比腕力」（喩毫無反應），對方完全無法發動力量。

　此時可輕輕地移開敵力。太極拳的化勁則趁敵方推來之力，順其方向移開「化勁的技法」。

　但這些技法仍不屬於「合氣」。只是單純地「不受力之技術」「避開力的技術」或者「移開力」。

　本章已說明大東流的合氣是「移力＋封力」，兩種技法一氣呵成使用的複合技法爲特長。

　因此「乘合氣」即指「乘力＋瓦解」的複合技法。

乘合氣

①取方拉受方的右手

②受方被拉時乘其力
配合其拉力伸展右手
，右腳踩前。

③接著左腳靠右腳後
瓦解取方的身體，

④右腳踩前，伸展右
前臂推倒取方。（一
切動作均一氣呵成）

第7章　大東流合氣柔術第一個條(1)

坐技（精華）

演武者

受：吉丸慶雪（太極拳雙基會主宰）

捕：立石朝輝（東洲太極會主宰）

1.兩手捕　揚手鍛鍊

大東流合氣柔術第一個條傳授座捕（坐技）。

坐技一般均傾向於強調膝行的腿腰鍛鍊法。事實上取、受兩者的動作皆固定，因此僅能做到「手的操作」，因此與立姿相較，容易學會「力的集中」「瓦解的原則」。

大東流技法的特點之一是「身體操作」，可是在立姿上過於輕易操作身體，反而不易發動技法。合氣首先在身體不動之下，依靠前臂的活用發動技法，因此從這點看來，坐技鍛鍊的意義很大。

座捕教程的最初技法是「兩手捕揚手」。首先第一以養成「前臂的集中力、透徹力」爲目的。第二鍛鍊合氣的技法便是浮高對方的重心，瓦解其身體平衡加以推倒，但這並非第一個條要求的範圍。

座捕

兩手捕　揚手鍛鍊
①取方出力抓住受方的兩手。

166

②受方在取方出力的
瞬間，手臂集中力並
將取方的兩手推高。
熟練之後可使取方的
身體浮高。

③使取方的身體浮高
，單手朝向肩膀推高
，另一手則拉下瓦解
其身體平衡，

④朝側邊拋出。
　　註：鍛鍊時不必一
　　　　加以摔出。

167

手掌使用部位

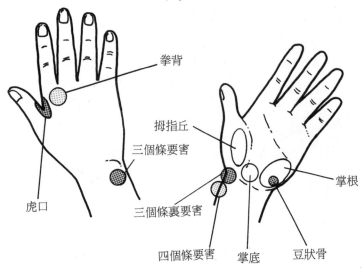

拳背

拇指丘

三個條要害

三個條裏要害

四個條要害

掌底

豆狀骨

掌根

虎口

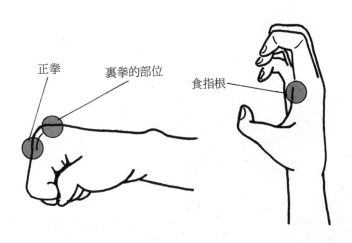

正拳

裏拳的部位

食指根

2.正面打　手腕壓制

第一個條坐技正面打，理解以下2點尤其重要。

(1)何謂被瓦解的狀態？
(2)掌握瓦解的瞬間而發動技法的時機。

座捕是因取方、受方兩者腳被固定，因此受方只能藉由手部操作瓦解取方的身體。其實這種方法較容易學會瓦解。

在立姿技法時身體容易移動，所以瓦解較困難，這是因為對方可藉由移動來躲避，故較難達成瓦解之目的。另外由於一面移動一面發動技法，所以增加了瓦解的難度，此點也很重要。在腦中有著「依靠身體操作摔倒對方」的概念，因此在實際操作時，欲瓦解對方時會產生障礙。

因此坐技正面打的情形，要充分學習依靠手部操作認識瓦解的要領、瓦解的狀態，以及瞬間掌握瓦解的時機。

技法是推時遇抵抗改為拉；拉時遇抵抗的瞬間改為推的方式，配合對方力之方向自在地轉換。

因此手腕壓制也分為拉倒技法與推倒技法兩種，必須自在地靈活轉化使用。這是自然的原則，並非基於陰陽理論。而設定表技、裏技。

正面打手腕壓制（拉技）

①取方由上方揮下手刀。受方以伸出右手迎接之姿勢配合取方砍下之動作，

　　註：大東流不會眞正去擋住

②一面放下右手一面以左手推高取方的肘部，其肩浮高，瓦解其身體。同時豎起腳趾改採跪坐。

　　註：要體會瓦解的狀態是目的之一

③瓦解身體在一瞬間拉住取方的手腕

　　註：身體瓦解的態勢僅在瞬間而已，因此抓住瞬間的機會也是要點之一。

④然後右膝往後拉，

⑤以膝行後退，

⑥拉倒取方的身體，

⑦將取方伸拉的手臂推向取方的頭側。

　　註：如果讓取方的手臂一直伸出於體側，則可能因此趁機轉身到前方而逃離。

⑧接著，受方將右手的四指壓在取方的掌根，依食指根的透徹力推拳背而使出手腕反手壓制的絕技。這正是第一個條的絕招，實用上另有其他有效的方法。但因為鍛鍊食指根的透徹力為目的之一，所以起初應以該方式練習。

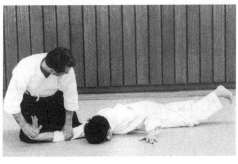

正面打 手腕壓制(推技)
①取方由正面揮下左手刀。受方伸出左手作架住狀，

②左手貼近取方的前臂，配合砍下的動作，一面放下一面使用右手半抓肘部推高，使其肩膀浮高瓦解身體。推高手肘之後，再使用左手緊抓住手腕的內脈側。

③立起左膝，

④一面推下肘部一面膝行前進使其伏臥壓制。

⑤立即將手臂推上取方的頭側，

⑥以掌底推其手背反折，使出手腕反手壓制絕技。

⑦如果未將前臂推上固定而想在體側使出絕技時，取方可以向前方回轉而逃開。
（照片爲左右反面）

3.側面打　反手壓制

反手腕是日本柔術很普遍的技法，但大東流在方式上有些不同。另外大東流的技法幾乎都未冠上名稱，僅有少數如二教反手腕、四方摔、反手摔等一開始便曾定名之技法。

①取方用右手刀從側方斜打受方的側邊。受方伸出左手作出架住狀。

　　註：手刀側面斜打是利用掌根部的豆狀骨打頸動脈或太陽穴。

②左手貼近取方的前臂，一面配合手刀打下的動作，一面誘引到下方。

　　註：大東流不會上前格擋，多以圓相移開力量。

③左手拿取取方之手
腕。

④右手的拇指丘按在
手背拳背上，

⑤依靠拇指丘的透徹
力推拳背而反其手腕
，將取方向側邊摔倒

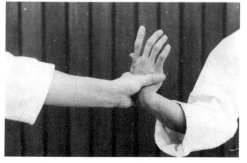

⑥控制取方的手腕。
指尖從側邊覆蓋在掌
上，依手腕的控制以
虎口緊推其手背。

4.十字頸絞　達摩反（擬稱）

①取方抓住受方的前
襟做出逆十字絞的動
作。

②受方將右前臂穿越
在取方下方的肘上，
（右前臂掌心朝上，
由下方將左掌輕跨在
左肘上）

③利用右前臂的透徹
力將取方的肘拉向自
己的身體，瓦解取方
的身體。（同時用左
手將其肘拉前）

④接著受方豎起腳尖
立起，改採跪坐，右
膝稍微前進，輕觸取
方左膝前端，

⑤伸出右臂由下將取
方的上手以大動作一
面往上揮一面轉身，

⑥轉邊側摔。
要領：受方學習將取
方的肘部拉向自己身
體，而瓦解其身體的
技法。前臂掌心朝上
，手指伸張，手臂爲
圓相，依前臂的透徹
力大動作地回轉。

177

5.（袖捕）取袖法　一個條逆

①取方抓住受方的左袖。

②受方立即伸起前臂，腰部抬高、採跪姿

③用右手以一個條逆取取方的右手腕予以排開，左手半抓肘部推高，瓦解身體。

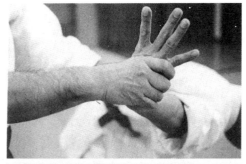

④前動作的部分。以
一個條逆抓右手腕。

⑤膝行前進推肘。

⑥手臂推於頭部上方
，使出一個條逆的絕
技（照片的絕技是應
用型）。

　　註：當然也有引技
　　，但此處省略。
　　兩袖取法、取胸
　　、取胸袖也以同
　　樣的方式進行。

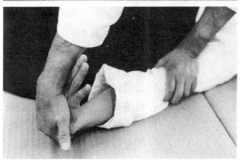

⑦同上的部分。應用
一個條逆的絕招。

6. 單手捕　反手摔

反手摔也是大東流少數有定名的技法之一。反手壓制在福島地區的方言意思爲「枯葉反」，因此所謂枯葉反便是反手摔，但是大東流的反手摔與枯葉反在手的取法上略爲不同。（參照第8章15節　立姿技法兩手捕反手摔）

①受方與取方正面相對，手擺在膝上坐著。取方用左手抓受方的右手腕。

②受方趁取方出力的瞬間，利用透徹力將取方的手臂推向肩部（合氣反手），使肩膀浮高封住其力。

③將左手四指從下方
覆蓋在取方的拇指丘
附近，抓住其手背，

④被抓住的右手立掌
，應用左手的扭轉以
及由上向下揮出的右
手刀加以扭落（推出
左手拇指丘以透徹力
扭動）

⑤右手掙開後掌根再
覆蓋在取方的手背，
用掌根的透徹力，和

⑥左手的拇指丘的透
徹力朝側方扭倒。
　註：在實用上取拇
　　指的反手顯然更
　　有效果（實用）
　　，可是一個條逆
　　是以鍛鍊透徹力
　　爲目的（學習）
　　。

7.兩手捕 反手摔

①面對正坐雙手置於膝上。取方抓受方的兩手腕。

②受方趁取方加力的瞬間，由手腕發動透徹力，一氣呵成地推反手臂，使肩膀浮高，瓦解取方的身體（合氣反手）。

③左手的四指從下方覆蓋在取方的左手拇指丘抓住手背，

④以左手拇指丘的透
　徹力將手背扭下。同
　時右手以被抓之姿勢
　做成手刀以透徹力切
　下。

⑤拉開右手，掌根覆
　蓋在取方的手背上，

⑥朝側方捲倒。

8.兩手捕　合氣引貼（呼吸力）

本項與次項二招，
是武田惣角在第一個
條逆的講習上所傳授
的合氣技法。
①取方以兩手緊抓受
方的兩手腕。

②受方以被抓住的姿
勢由兩手腕發出透徹
力發動合氣。（以透
徹力一氣呵地將取方
的手臂推向肩部瓦解
身體）

③前臂貼近腰部提高
，右膝向後拉，

④左手從指尖拉向後
　方，（手背朝下）

⑤令取方的兩前臂重
　疊，

⑥由上以左膝壓住重
　疊的手臂，拉開被抓
　住的手握拳擋在其臉
　部前面。
　註：這便是用取方
　　　自身的手封住其
　　　動作的手法。

9.兩手捕　合氣壓貼（呼吸力）

①面對面坐著，取方
抓住受方的兩手腕。
受方立即從前臂使出
透徹力發動合氣。（
至此與前節相同）

②受方在兩手被抓的
情況下用左手，

③將取方的右前臂疊
在左前臂上，利用左
手的透徹力壓貼住，
封住其動作。

第8章 大東流合氣柔術第一個條(2)

立姿技法（精華）

1.兩手捕　揚手鍛鍊

　　大東流的兩手捕揚手鍛鍊，在合氣道方面是合氣道呼吸力養成法之訓練。大東流則將揚手鍛鍊視為「前臂的集中力」或「前臂透徹力」的養成為目的而極為重視。

　　我們已多次說明過，鬆開肩膀之力由肘部向指尖集中，即體得前臂的集中力（前臂透徹力），才能實現「前臂的合氣」，是在所有的武技中最需要的能力之一。

　　關於揚手鍛鍊參照如下項目。

　　第6章3節　手臂的基本形　太極拳「沈肩垂肘」

　　　　6節　前臂之合氣「揚手」　7節　合氣練習的要領

合氣揚手架式

合氣揚手，手臂必須維持沈肩垂肘，手型如牽牛花般綻放。但手臂不可僵硬拘泥於此型。「別定型」是吾師經常點醒的話。

①受方與取方以無架
式面對面。取方單腳
踏前使出全力抓住受
方的兩手腕。

　受方在被抓住的瞬
間，立即伸張手指如
牽牛花般張開，

②趁取方加力的瞬間
，前臂稍微扭動推高
取方的手。

　熟練之後如照片所
示，可使取方的身體
浮高，但在此以鍛鍊
透徹力為目的。故不
使用技法而就瓦解對
方身體為主要目的，
首先使力也可以徹底
推高之訓練。此時，
手臂維持揚手的型，
避免肘部搖晃。

2.正面打　手腕壓制

大東流合氣柔術的技法教授課程，除揚手鍛鍊之外，由正面打開始，依序爲前刺、斜打、領口取法、絞襟法……等等，由取方之手從身體的上部逐漸往下方攻擊所構成。

因此，第一個條首先教授之技法爲正面打。乍看之下，與古流柔術的一本捕相似，但要領全異。

當然正面打並非實戰的攻擊法，而是學習的技法，模擬劍的砍下。可是第一個條的正面打手腕控制是，包括許多寶貴的術理在內是相當重要的學習技法。

依靠正面打壓臂所學習的術理如下：

(1) 瓦解的要領

學習推高肘部令肩膀浮高，瓦解對方身體之要領。此與坐技的正面打所學的「瓦解」大致相同，可是立姿技法因取受雙方可互相移動位置因此要領有所不同。

(2) 攻擊的時機

由於身體的瓦解只在瞬間，故必須學習抓住瓦解的瞬間推下臂，或者拉下手臂加以瓦解的技法之時機。

(3) 透徹力的鍛鍊（抓的透徹力）

爲瓦解推上肘部或將其肘推下或拉下時，抓住肘將對方拉

轉時，要強力抓住肘部隨心所欲地加以控制，必須學會「抓
的透徹力」。合氣道一開始便開掌用手刀控制肘部，但大東
流至少直到三個條仍訓練緊抓肘部或前臂而發動的技法。可
是熟練之後任何一部分均能隨心所欲地發出透徹力，不論抓
或壓掌，都能自在地發動。

(4)　**抵抗時的處置**

　對方抵抗時，立即配合其抵抗力的方向變更技法。此又稱
爲「配合氣」。

(5)　**接受打擊的要領**

　大東流對於拳或掌的攻擊，以及棒與劍的攻擊，並不使用
擋架或排開的手法，皆是身體放柔軟，再配合對手的動作，
將其力圓相誘導而移開之方法。同時轉動身體以斜前方攻擊
取方是大東流的特徵。但以發動合氣封住其力最爲理想。

　註：推引技法

　　當施技法欲向前時遇抵抗，就立即改爲拉，欲拉時遇
　　退立即前進。配合對方力的方向，隨心所欲地轉化。稱
　　爲「配合氣」。

　　大東流第一個條的講習武田惣角並未傳授「引技」。
　　如佐川宗範所說：「學習引技時感覺如同傳習妙法一般
　　」，可證實惣角並未向一般人指導該技法的要點。

正面打手腕壓制（推技）

①取方舉高右手以手刀正面砍下。受方從右腳前進，伸出右手作出迎合取方砍下的動作（並不眞的格檔推），

②身體轉向左方，右手貼近取方的手腕，以左手推其肘部，使肩膀浮高，瓦解取方的身體。此時，右腳踩向取方的右腳之前
　　註：左手舉高，右手放下，以雙向力操作。

③瓦解身體的瞬間推下手肘左腳採前，
　　註：瓦解的瞬間踩前，如上圖②一般將右腳刻意地踩向取方的右腳前最重要。

④右腳拉靠左腳後方
（此即繼足），

⑤左腳大步踩前，根
據透徹力將取方的身
體推向前方放倒。

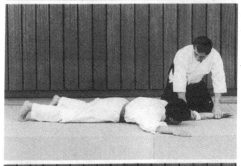

⑥以伏臥壓住，將手
臂推高於頭部上方（
照片是左右相反），

⑦依據食指根的透徹
力壓制其手背拳背，
使出一個條逆絕技。

193

正面打手腕壓制（引技）

手腕壓制必會產生兩種瓦解方法，踏前發動技法，以及拉引之方法二種。

①取方從正面以手刀砍下。受方伸出右手作架住狀，

②身體轉向取方的右側，推高肘部令肩浮高瓦解取方的身體。

③掌握瓦解的瞬間拉下手臂，

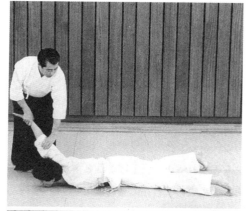

④右腳後拉，左腳隨
之又後拉，將取方的
身體拉下。

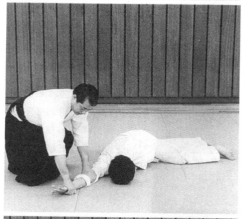

⑤將伏臥的取方之手
臂推向頭上，

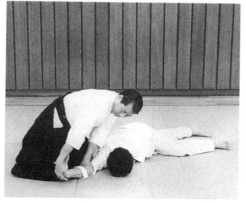

⑥依掌底發出透徹力
，壓住手背而發動一
個條逆的絕技。
　註：朝取方砍下的
　　方向直接拉倒。

3. 正面打 抵抗

抵抗的模式是推高手肘予以瓦解時，對方為避免肘部被上推，因此將肘放於下方的情形。如此朝下方抵抗時，立即趁其力量朝下方變更技法。被推時引拉，被拉時推出。對方欲放下便隨之放下，欲抬高便隨之抬高，不必與對方方向相反，趁其力自在又彈性地變化技法。

①取方由正面用手刀砍下。受方以右手迎合砍下的動作，一面移向取方之側邊，一面左手推高肘部加以瓦解，可是取方卻與此相反，將肘部壓下抵抗。

②受方遭到抵抗時立即移向右方，一面變更身體的方向，一面配合取方抵抗的力量，使用左手刀將取方的前臂砍下下方，

③以砍下的左手抓住
取方的手腕關節，

④將右手拇指丘壓在
取方的手背，

⑤使用拇指丘的透徹
力推下手背拳背，以
手腕關節的反手，右
卻踩前將其摔倒。

4.手腕壓制的參考

(1) **肘部的抓法**　一般在「抓」時使用屈肌加以握緊，因此愈用力手臂愈固定，而無法制服對方。

為了解決這個問題，不抓住肘部而只覆蓋在手掌，壓制手腕的流派很多，同時，合氣道是以手刀壓制肘部。

大東流則以養成「強力抓」與「自在的手臂動作」兩者並存「抓的透徹力」是初級鍛鍊技（1-4個條）的目的之一，因此手腕壓制是以「半抓」方式緊抓住肘部的方法。

①手腕徹底向後扳，而由下方以「半抓」抓肘部。大東流將普通的抓法稱為「全抓」或者「素抓」。

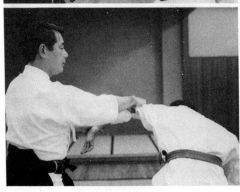

②應用透徹力反肘使其轉向。

(2)　**手腕的取方**

①右手輕輕接觸手腕
，用左手抓肘部，

②左手抬高右手放下
使肩浮高瓦解身體。
　首先將肘部推上才
是先決。依靠右掌面
的透徹力壓住手腕。

③將肘部轉向予以推
高，手腕的內脈側朝
向自己方向，起初則
緊抓手腕即可。

(3)　**手腕的抓法**

①這種手腕的抓法位置欠佳。

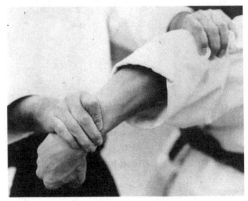

②這種抓法不能控制手腕的活動，取方可能會握拳轉動手腕加以抵抗。

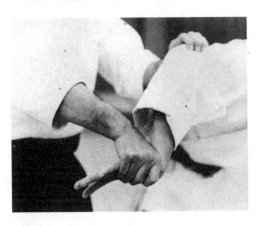

③正確的抓法

大東流的抓法是虎口壓在手腕關節，運用手指的絞力壓住手背，完全封住手腕的動作。

(4)　**抵抗的處理**

①受方推高取方的肘部企圖加以瓦解時，取方壓下肘部抵抗。（與第3節情形相同，3節是第一個條的基本型，本項則是應用）。

②受方面對取方壓下肘部反抗時，立即配合其力放下手臂，

③接著將右腳後退而拉倒。

要領：用手壓住下方時，將脊椎相反地往上伸展。才能發揮傳達力。

(5) 身體的壓法
①由下方以半抓方式
抓肘，應用透徹力壓
下。

②後腳靠向前腳的後
方（踩前的準備），

③將肘部朝頭方向的
下方推出，由前腳大
步踏前，

④以伏臥姿勢壓下。
　註：一面抓緊肘部
　　　，同時自在地推
　　　出肘部，或者拉
　　　轉才是透徹力的
　　　特點。

(6)　**抵抗的處理**
①與前項注意(5)，將
手肘向頭部方向下推
時，取方抵抗。

②取方抵抗時，受方
立即將身體移向取方
的前方，將取手的手
臂伸向身體的正側方

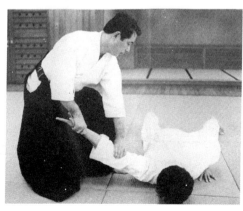

③受方一面向後方退
，一面將取方的身體
拉向側方倒下。
變化：從②開始以像
　　刺出長矛般加以推
　　倒。
要領：以此方法，一
　　面下壓或推時，背
　　肌反而必須朝上伸
　　展。

(7) 衝撞

大東流使用頭、頸、肩、胸、腹、臀、腿等一切部位來發動技法。尤其屬於實戰技的肘部關節招常用此手法。第一個條的控制法之變化便是用臀部衝撞的技法。

①將取方的正面打，由側方舉高肘部予以瓦解，

②推下肘部之同時左腳踩前，

③接著踩前，左臀部突出前方，利用臀部發揮透徹力將取方撞出。

④改變攝影方向。
左腳踏前依靠臀部的
透徹力撞出。

⑤以伏臥姿勢壓制

⑥臀部突出的情形。

5. 側面打 反手摔

①取方使用左手刀打向側邊。受方伸出右手作出架住狀，配合砍下的動作，貼近對方的前臂，

②左腳將身體移向左方，用右手誘引取方朝下方攻擊。

③使用左手輕輕地托著取方的手掌阻止其動作，

④用右手取手腕關節
（取法參照次節），

⑤將左手的拇指丘抵
在取方的手背；利用
拇指丘的透徹力推舉
拳背而出反招（參考
次節），

⑥接著左腳踩前壓向
前下方。

⑦使出反手捧的招式
，豎起前臂將其手背
壓下的絕技。

要領：此一反手控制
　　　並非捧技，而是反
　　　手壓制技，因此不
　　　僅是推落而已，須
　　　持續貼近而壓住。

6.反手摔參考

(1) 反手摔法

反手摔是將手腕關節圓相推壓的關節技法,是大東流少數具有名稱的技法。同時也是與其他流派共通的名稱。使用方式分成反手情形與摔招情形。在大東流第一個條首先教授反手招,訓練手腕的強韌性之後才教授摔技。但本書爲了能使讀者容易了解,以反手壓制、反手摔的方式爲基礎。

反手壓制只是加力壓制手背,對於手腕已具有強靱性的人是無法單靠反手招予以制服。初學者無論以哪種方式推必因疼痛而倒地,然而反手控制其意不在於弄痛對方的技法。推手背的重點在於食指與中指的根部,即稱爲拳背。前臂反手即以壓拳背的角度爲所使用的透徹力重點。

手掌使用部位

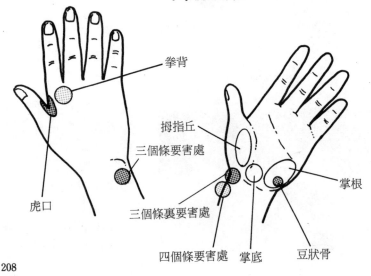

拳背

拇指丘

三個條要害處

虎口

三個條裏要害處

掌根

四個條要害處　掌底　豆狀骨

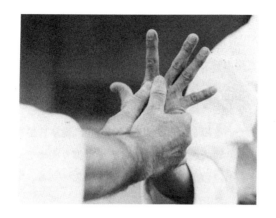

①古流柔術的反手摔
古流柔術中有利用兩
手拇指併攏壓在手背
的方式。乍看之下能
強力壓住，事實上左
右的力量中和並不能
發揮強力。

②發揮強大力(1)
大東流以相對之手輕
取手腕，（利用拇指
丘覆著爲在小指到第
3指反絞其手指，將
虎口壓在對方手背）

③發揮強大力(2)
使用左手的拇指丘壓
在手背拳背，在該點
上加透徹力予以推倒
。單手輕握另一隻手
一口氣加上透徹力才
能使用強力的要領。

(2) 奪凶器

　一般而言第一個條的技法並非實用技（鍛鍊技），但關於奪凶器的反手控制、前臂反手摔則可成爲實用技大東流合氣柔術方面，在第三個條別傳的奪凶器或第四個條另傳的眞劍白刃捕使用反手招。因爲對方手持凶器時，反手摔可發揮極大的效果。如第2章6節說明，在手握緊的狀態下，由於屈肌的緊縮力之作用，手腕的反手可以簡單地發動。

①取方使用匕首向腹部突刺。受方在匕首將觸到身體的瞬間移靠身體，用左掌壓住前臂，

②用左手取手腕，將右掌覆蓋在取方的手背，右腳踩在取方的右腳前方，

③一面扭手腕，

④以右腳爲軸心，左
腳大步後退旋轉，

⑤依據身體的回轉力
扭手腕將取方摔倒（
摔倒後奪其匕首，出
招制服）。
要領：身體移開動作
　太大，易受到敵人
　的連續攻擊，因此
　大東流和合氣道不
　同的是，不會以大
　動作移開身體。而
　在自己的中心線移
　動。

211

7.反手摔抵抗時

反手摔時對方加入抵抗，立即向不同方向變更技法。

①受方對應取方的側面打欲使出反手摔時，取方手腕加力以避免被反制而抵抗。

②受方遇抵抗時立即將手腕朝上方拉高，

③然後，一氣呵成地拉到正下方，轉動手腕關節（此時兩手的手指覆蓋在手腕關節），

④接著手腕扭向側邊
而拉倒，此稱為反手
壓制。

⑤讓取方仰向豎起前
臂，依靠拇指丘的透
徹力將手背拳背推向
肘處（一個條逆反手
的絕技）。

⑥絕技參考。柔道的
十字固定將手腕拉到
胸前使用反手的絕技
，可是大東流是將肘
部跨在腿上而發出反
手絕技。

8.側面打　反手摔

本技唯恐傷到手腕關節，因此以教程而言，培養手腕的強韌性而加以進行訓練。本書未依教程順序記載。

①與第5節相同。

②受方移向左腳使身體向內側移，誘引取方向下攻擊，而用右手抓住取方的手腕關節，（到此與反手摔相同）

③將左腳踩在取方的左腳前方，以左掌拇指丘壓在取方的手背，將肘部推向身體封住其力。

④依靠拇指丘的透徹
力一面捲手腕一面大
步退後轉動身體，

⑤利用身體回轉力摔
倒取方。
要領：此技是以踩前
　　的腳爲軸心，大步
　　後退依靠回轉的運
　　動力摔倒。

⑥瓦解的另一法
②的動作將取方的手
臂稍微伸直而瓦解身
體，右腳退後予以摔
倒也非常有效。

9.髮捕　一個條逆

　　頭髮被揪因疼痛而無法抵抗，因此自己應向被抓的方向前進，使對方無法再繼續拉扯，而後才發動適當的技法。至於武田惣角在教授時，第一個條全部以手腕反手爲重點，壓臂的「依靠肘部瓦解身體」等，皆是其高徒研究原則後所獲得的成果。因此我將壓臂列入正面打，而將髮捕列爲「一個條逆」以作區別。本來大東流未加以區分。

①取方用右手抓受方的頭髮拉扯。

②受方用左手半抓取方的肘部，左腳盡量踩向取方的前面。

　註：踏前是髮捕的特徵。即順著被抓的方向，朝與舉高肘部同側的腳踏前，由於如此，不會再被拉痛頭髮。

③使用右手以一個條
逆抓取方的手腕，右
腳靠在左腳後（左腳
踩前準備）。

④依靠右手食指根的
透徹力將對方的手背
朝肩膀推，壓下肘將
左腳踩前。

⑤接著繼足，使用手
腕反手招加以推倒下
壓。

10.領取法　一個條逆

①取方用右手抓受方
的後領。

②受方後領被抓的同
時側臉抵住對方裏拳
，

③受方低下頭從取方
的手臂下轉過，

④站在取方的側邊（
受方站在側邊，取方
人無法使力）。因此
受方以左手半抓取方
的肘部，

⑤右手以一個條逆抓
手腕，提高肘部、使
肩浮高、瓦解身體。

⑥依靠拇指丘的透徹
力使出手腕反手招，
壓下肘部左腳大步踩
前壓制。

11. 十字絞頸　一個條逆

①取方抓住受方的前
襟，以倒十字絞頸。

②受方將右前臂跨在
取方的左肘上，依靠
透徹力將對方的肘部
拉向身體瓦解取方的
身體姿勢，或者移向
左側（左手由下方抓
取方的左肘）。

③使用右前臂將肘拉
靠身體之下，用左手
半抓肘予以推高，

④肘部抓緊，右手以
一個條逆抓取方的右
手腕，右腳踩向取方
右腳前。

⑤受方依靠右手食指
根的透徹力壓住拳背
，應用一個條逆，左
腳大步踩前，

⑥以伏臥加以壓制，
將手臂上推到頭部上
方使出手腕反手絕技

221

12.十字絞頸　入身摔（擬稱）

大東流第一個條的十
字絞頸有二種手法。
①取方將受方的頸部
倒十字絞緊。

②受方將左前臂跨在
取方的右手肘上（掌
心朝上，手指伸張）
，依據前臂的透徹力
將肘部拉到身側瓦解
取方的身體。同時右
腳前進置於取方的右
腳前，

③右手從下方拉靠取
方的右肘，

④接著從後方將左腳
踩近取方的兩腳間，
身體密貼（與取方同
方向），

⑤伸直腰部瓦解取方
的重心，手臂圓相伸
出，畫大圓以透徹力
予以揮上，

⑥然後一氣呵成地砍
下胸前令其後倒。

13.袖捕（取袖）　一個條逆

①取方抓住受方袖子上端。

②受方立即豎起左前臂，右腳後拉身體移開使取方的力量移開，（之後再抓取，現暫不用）

③以右手抓取方的手腕。

④將抓住袖子的手以
一個條逆排開，左手
提高肘部令肩浮高，
　註：就實際問題而
　　言，以全身力抓
　　住時之程度較難
　　排開。實用上須
　　再用第二個條袖
　　捕。（次項）

⑤根據右手食指根的
透徹力推手背拳背，
應用一個條逆壓下肘
，左腳踩前，

⑥將取方伏臥壓下，
以一個條逆予以制服
（照片是左右相反）

225

袖捕參考　第二個條袖捕

全力被抓時無法輕易
地排開。因此使用實
用技第二個條袖捕的
技法。
①取方用右手抓受方
的左袖。

②取方以全力抓住受
方的衣袖，受方以右
掌壓在取方的手背壓
制其手臂，豎起左前
臂，右腳後拉移開身
體（由於如此，取方
手腕的小指側會朝上
立起）。

③手臂抑制取方的手
背，用左手臂的透徹
力砍下。

④吹下的情形。受方以右手半抓固定取方的手背以手臂貼近，依左前臂的透徹力砍下。

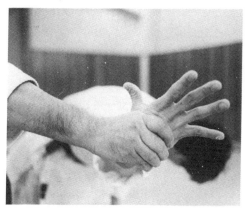

⑤實用上使用二個條逆後立即連接上一個條。

⑥依靠一個條逆抑制手腕，而繼續以伏臥壓制。
　　註：①到④為二個
　　　　條，⑤之後變回
　　　　一個條。

14.胸捕（取胸）　一個條逆

①取方抓受方的前胸

②被抓住的瞬間，受方右腳後退移開身體使力閃開（至此反射性地進行），接著以一個條逆反制手腕，抬起肘令肩浮高瓦解身體，

③利用手腕反手推下肘部予以壓制。

胸捕參考
第三個條胸捕

被對方以全力抓胸無
法輕易排開與袖捕情
況相同。以實用的使
用第三個條胸捕的技
法。

①被抓住前胸時以右
掌將手背壓住胸前，

②以胸部的透徹力使
出手腕反手招。此即
爲胸捕的實用技。

參考
胸捕合氣摔

①學至合氣之後，利
用胸的透徹力發動身
體之合氣。

②再依胸的透徹力朝
反方向摔倒。

229

15.單手捕　一個條逆

大東流一個條的單手捕包括一個條逆，反手摔、四方摔等三種手法。兩手捕情形也相同。

①取方以右手抓受方的左手。受方立即伸張手指，

②左手擺在左側移開力量，

　註：被抓瞬間，反射的以透徹力向側方移開力量。在未學會合氣的階段，以「移開力」爲重點。

③以右手一個條逆抓住取方的手腕，左手半抓肘部，抬高肘部令肩膀浮高，（推下肘部予以抑制）。

參考
第三個條單手捕

①學會合氣之後，被
抓住的瞬間發動合氣
（這是合氣揚手）。

②三個條是發動合氣
封其力量繞過腋下，
（照片以下是左右方
向）

③制服取方的手臂之
外，予以轉向，

④站在取方後面，方
向與取方相同，手臂
圓相利用肘部的透徹
力砍下前胸壓倒（入
身摔）。

231

16. 兩手捕　反手技

在坐技（座捕）中曾提過「反手」在福島地區的方言代表「枯葉反」。因此所謂枯葉反即反手摔，大東流是將手掌由下覆蓋在手背予以扭轉的技法稱爲枯葉反。爲何福島地區的方言，成爲大東流技法的名稱呢？這是令人感到興趣的事。但至今理由不明。至於「反手技」八光流柔術皆使用「枯葉反」，其技法與名稱已經影響其他派別。同時此技法已經使用初步的合氣（合氣反手）。

①取方抓受方的兩手

②受方立即使用兩手腕的透徹力一氣呵成地推回取方的手臂，奪取其重心（合氣反手、右腳踏前）。

③從下方用被抓住的左手抓取方的左手，

④依靠左手拇指丘的透徹力一面扭轉，右手則在被抓住的狀態作成手刀以透徹力砍下。同時左腳靠在右腳後。

⑤排開右手，掌根覆蓋在取方的手背，

⑥依左手扭轉和掌根的透徹力攻擊手背，右腳踩前予以扭倒。

233

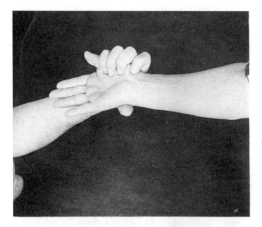

手背扭法

①將小指、無名指、中指、食指跨在取方的拇指丘。

②以四指的絞勁與拇指丘的透徹力加以扭轉。以鍛鍊抓的透徹力爲鍛鍊的目的。

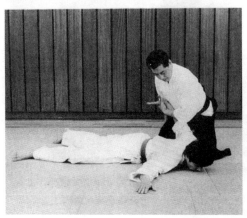

絕技參考

合氣道常用的絕技類似大東流三個條。

①令取方伏臥，指頭跨在左掌的小指側，應用三個條逆的反手壓向胸前。

②用肘壓住右前臂，
腰部前彎壓在身體上

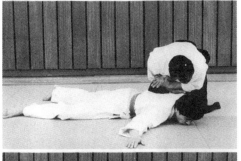

③彎下身體頭部轉向

④抬起身體使出肩關
節反手壓制。
以此姿勢身體前伏，
肩膀會脫臼。

⑤部分
右手使出三個條逆。

235

17. 兩手捕　反手的抵抗

如前節受方欲發動反手招時，取方用力反抗。受方反射地朝不同方向變更技法。
①受方欲發動手臂反手（反臂），取方手腕用力反抗。

②受方遇抵抗時立即以透徹力將右前臂推向側邊伸直，
　　註：抓住取方的手背，左手鬆開力量輕握前臂而滑動。

③繞過腋下朝與取方相同的方向，

④以右手抱住取方的
左臂，

⑤右腳踏前應用手臂
的透徹力，

⑥摔向前方。

18.諸手捕　手腕壓制

大東流稱以右手抓住右手爲「內手捕」；而兩手抓住單手爲「諸手捕」。內手捕與諸手捕大致可以使用相同的技法。

①取方以兩手抓受方的右手。

②受方立即以合氣反手封住其力。

③左手半抓肘部，右手抓手腕，提高肘部，令肩膀浮高。

④依靠抓的透徹力推
肘部而壓倒。

參考
第二個條諸手捕的
手法之一

①以合氣反手（前頁
的②）之後，由下方
反抓取方的左手，

②應用透徹力扭轉手
背，以反臂之技法扭
倒。
　註：單手捕、兩手
　　　捕的反臂在第一
　　　個條傳授；至於
　　　諸手捕的反臂在
　　　第二個條教授。

19.單手捕　四方摔二脚之變更

四方摔也是大東流少數具有名稱的技法之一。四方摔的名稱是取因於左手捕前變更、左手捕後變更、右手捕前變更、右手捕後變更之四種手法，被摔者的頭部剛好朝向四種不同的方法。因此命名四方摔，在大東流一直傳習下來。

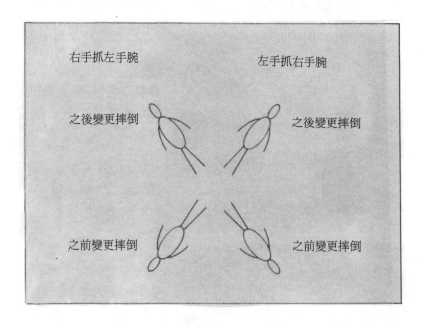

右手抓左手腕

左手抓右手腕

之後變更摔倒

之後變更摔倒

之前變更摔倒

之前變更摔倒

另一說法如下。是根據宮廷儀式的四方拜而命名。因為「四方拜」所用的步伐，亦即「向後轉」的步伐，就是大東流合氣柔術的四方摔之步伐一樣。這與合氣之武術曾在宮中流傳的俗說吻合，較具說服力（非大東流的傳承）。

根據我的推測，若大東流柔術爲西鄉賴母的創作，但其柔術技法可能是某一柔術流派的傳承；同時四方摔的命名，在大東流以前是根據四方拜而來應無疑問。和四方摔方向相反，即將對方的手臂抬高，繞過其腋下，而將其手臂反摔的鐵鎚摔，在中國拳法或日本柔術、摔跤上皆有。但如四方摔會轉變方向，在大東流以外的古傳承未曾存在令人十分懷疑。

註：我手邊的『武道極意護身術秘傳』（神武館館長中澤蘇伯著）記載著與大東流相類似的捕手系統，另外也有前臂反手、四方摔等八種手法的名稱。該書的初版在1935年出版，其內容推測曾受大東流的影響，但書中完全沒有合氣或者類似的概念出現。因此雖具大東流的性質，但也有其他的系統存在。就技術水準而言，僅在大東流手解到第一條的程度而已，層次明顯較低，令人啓疑。

四方摔二腳變更是武田惣角在第一個條的講習時所教授的四方摔。如前述四方摔的步伐如四方拜，即向後轉的步伐，大東流將這種依靠步伐的身體移開稱爲「變更」。二腳變更是向後轉，然後後腳再前進。但各位實地操作便能發現，變更身體方向之後，似乎無再前進後腳的必要。在兩腳同時變更的情形下，多半很難施展技法。雖然如此，在最初學此技法的觀念相當固定，無法判斷更好的方法。因此，惣角似乎在最初刻意傳授艱難的技法，而使弟子們無法發現技法的秘訣，這點需要特別注意。

四方摔二脚變更

①取方以右手抓受方的左手。

②受方立即依靠透徹力將左手伸前，移開力量，右腳踏在取方的右腳前，

　　註：先移開力量為先決條件。到此仍未屬於合氣。

③移開力量之後，用右手取取方的手腕（取方是次次節），

④接著右手伸前左腳踏前。

⑤以向後轉的要領轉方向。一口氣將取方的手臂予以反手，將其手指搭在肩膀上。

⑥向後轉接著左腳踏出（二腳變更）拉下手腕倒下。

　註：實際操作之後，可知無需二腳變更，不然反而無法施展技法。

20.兩手捕　四方摔前變更

①取方抓受方的兩手腕。

②受方反射地將兩手斜前伸出移過力量，右腳踩在取方的右腳前（第一個條屬於移開力的階段，尚未出合氣，但可發動合氣最好）。

③以右手由上方抓取方的右手腕，然後伸向前方，左腳踩前（左手處被抓狀態），

④以向後轉的要領轉
　向，反折取方的右臂
　註：一口氣反折取
　方的手腕貼近其肩
　膀。不要從自己的
　頭上繞過。

四方摔練習用法

運勁圖10

⑤以此姿勢一氣呵成
　地拉倒。

⑥立即貼近取方的側
　邊拉高手腕予以壓制

四方摔注意⑴ 手腕的抓法

四方摔手腕的抓法
相當重要。
①正確的抓法⑴
與半抓的要領相同。

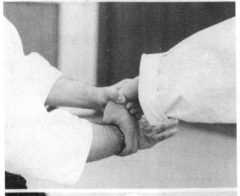

②正確的抓法⑵
同①，由小指依序算
來三指貼近取方的手
背，虎口壓在內脈處
，絞壓手背。

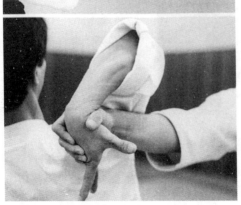

③正確抓住手背予以
扭轉。以手指絞壓手
背用食指根的透徹力
予以制服。

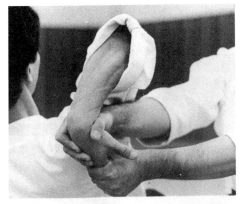

④一面用右手控制手
背一面扭轉（至此③
），而後用左手從側
邊抓住取方的手指拉
下。

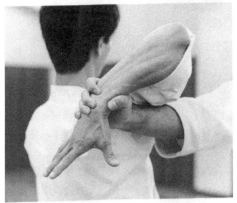

⑤**不良抓法**
此抓法取方的手腕仍
可活動，故取方會抵
抗。

⑥**四方摔絕技**
正確抓住一口氣地拉
倒，抬高其手背使出
第一個條四方摔。

四方摔注意(2) 扭臂法

參考

八光流、四方摔的瓦解

①八光流柔術發動四方摔的時機，是推高取方的手指來發動反手招，瓦解其身體平衡。這是無法使用合氣的階段一個十分有效的手法。

不良的扭臂法

②從上方瓦解採後方變更四方摔。四方摔是禁忌將對方的手臂揮高繞過自己的頭上。

③因為取方可跟受方一起轉身逃開。

④取方配合受方的變更而轉身。

⑤⑥取方繼續轉身，而後發動四方摔。

註：由於如此，大東流的四方摔並非扭轉對手的手臂，而是一口氣地進行反手之技法。

21.單手捕　四方摔後變更

　　大東流將踏在對方前面的四方摔之轉身法稱前變更。以後轉方式轉到對方側邊的四方摔稱爲後變更。

　　四方摔後變更主要用於對方以推前之傾向抓住手腕時。即受方配合取方的推力拉前臂使取方的力量移開，然後朝向肩膀推回封住其力；封住其力之下身體變更於後方予以摔倒。

①取方抓受方的手腕拉向前方。

②受方承受其力後拉回手腕引開其力，在取方力量消失的瞬間將其手臂推回肩膀，封住其力。

變更

合氣

拉下

四方摔實戰用法
與地平行移開力量，
再突然拉高而排開。

運勁圖11

③左手抓取取方的手腕
，封住其力之下左腳
從取方的側邊繞過其
後，
　註：封住其力之下
　　　腳踩前是最重要
　　　。

④要領是由左向右轉
，一口氣地轉向後方
。反折取方的手臂，

⑤而後一口氣拉下即
拉倒。
　註：與兩手捕的要
　　　領相同。

⑥立即靠在取方側邊
抬高手背而制服。

參考(1)　第三個條四方摔

第三個條的側面打七種手法之其中一種為四方摔。當然此四方摔的要點須加上三個條抓手的要領，另一則是步伐不同。本節說明其步伐。

①以左手迎合側面打

②將取方的手腕由左手移向右手抓住（使用三個條抓手裏），左腳踩向取方的右腳前。

③右腳拉靠左腳的後方，

④兩手伸直左腳大步
踩前,

⑤要領是向後轉變更
身體的方向反扭手臂

⑥將手腕拉下壓倒。
　註:並非反扭後才
　　拉下摔倒,而是
　　反折拉下一氣呵
　　成地完成(參照
　　運勁圖11)

參考(2)　四方摔二段變更（擬稱）

四方摔實戰的使用法是踩向前方之後變更到後方的技法。因此技法很容易施展出來。這並非第一個條而是應用技。

①受方左手被抓住時

②立即將手伸向前方移開力量，左腳踩到取方右腳的前方（一個條則是伸出右腳），

③用右手抓住取方的內手腕。

④接著右腳向後退繞
　到取方的側邊（朝前
　），

⑤一氣呵成地利用向
　後轉的要領轉身（變
　更）反扭取方的手臂

⑥繼續往下拉倒。

22.正面打　入身摔

入身摔也是第一個條
所教授的技法。

①取方由正面砍下手
刀時，受方伸出右手
迎合，

②右手貼近取方前臂
配合砍下動作。此時
，左腳踩向斜前方身
體移向右側避開力量
。

③接著左腳前進，靠
在取方的側邊，利用
左掌的透徹力從側邊
推腰令其失衡，奪取
其重心。

④當取方的腰失去平
衡右腳踩前放在腰際
，右前臂跨在其肩推
倒。
要領：右前臂的透徹
　　力朝正下方發動。

⑤參考(1)
與③同，利用左掌的
透徹力推取方的腰部
奪其重心。稱作突擊
弱腰。

⑥參考(2)
當取方的腰無力時進
入於腰後，將其背部
壓到膝上發動背骨反
逆的技法。（應用）

257

參考　迴轉摔

合氣道的迴轉摔是大東流第三個條正面打中手法之一種。

①取方從正面砍下手刀，伸出右手迎合，

②左腳踩進取方的右側移開身體，右手配合其打入動作貼近並誘引朝後下方砍下。

③將取方的右手刀從右手傳到左手抓住，用左手從前側邊抓起掌，轉身與取方同方向。

④應用手腕反手招，
一面壓住肘部一面將
取方的身體下壓，

⑤一面踏出右腳一面
向前摔出。
　註：可用右手壓住
　　　後腦部摔倒。

⑥手腕是三個條逆的
技法。這也是迴轉摔
在第三個條教授的理
由。

參考　合氣道　固技第五教

合氣道固技第五教是大東流合氣柔術在第三個條別傳的奪凶器所授。此技是「一個條逆」。

大東流合氣柔術
奪凶器之內匕首切入
①取方反手持匕首，由斜方砍入。受方伸出手迎合，身體移向內側，

②以右手抓取方的手腕（拇指壓在取方的手腕內側），然後大力揮上，改爲右側推高肘部。身體是由左腳前進移向左方。

③應用手腕的反手招踩前左腳予以制服。持法不同，卻應用一個條逆的技法。由於對方手持匕首，所以使用反手招較容易。

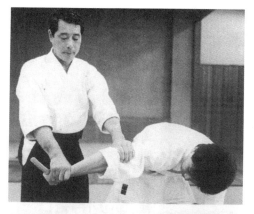

不良的持法

④奪凶器時以此方法
，以一般一個條的取
法壓臂是不良的。

⑤因爲取方能夠將匕
首轉向，朝受方的前
臂進行反擊。

⑥因此要奪匕首的壓
臂法，拇指必須跨在
手腕內側。

23. 掛袖　三招

大東流第一個條爲對應抓袖的情況傳授了一個條逆（省略）、反手摔、四方摔三招手法。

掛袖　反手摔

①取方伸出左手抓受方的右袖。

②受方被抓袖的瞬間豎立前臂保護衣袖，身體移向左側使力量移開，

③右手以前臂反手招抓住取方的左手，

④依靠左手拇指丘的透徹力攻擊手背予以壓倒。此時，左腳踏前（也可採用前臂反手摔）。

掛袖四方摔

①受方袖子被抓住的瞬間立起前臂護袖，左腳退後半步引開力量。

②以左手排開抓著袖子的前臂而用右手抓住取方的手腕，右腳踩前半步。

③左腳大步踩前，

④以向後轉的要領變更摔倒。

　註：大東流很少大動作地移開身體。被抓住的瞬間，以最低限度所需的動作移開身體。因爲過早移開身體是容易遭到連續攻擊而摔倒。

24.胸捕正面打　十字摔

①取方抓受方的前襟以手刀正面砍下。受方兩手貼近，輕輕後拉（移開力量）而推回。

②抓肘部與右手腕，將其手臂推向身體封住其力。

③使用左手由下方抓住取方緊抓前襟的左手腕予以排開，

④將取方左臂纏右臂拉倒。

第9章　大東流合氣柔術第一個條(3)

立姿後抓・側捕
半坐半立捕
（精華）

1.後方領捕　一個條逆⑴

第一個條的後面是教授後領被抓時的解法①取方從受方的後面抓住後領拉引。

②受方配合被拉，右腳向後退，面部朝前方，使用手肘攻擊要害。

註：由右腳或左腳退後皆可。首先乘著拉力退後。

③跟著看後方。在此情況並未看到取方的手，因此從右轉身以左手抓住其肘部抬高

④應用手腕的一個條逆壓臂。

2. 後方領捕　一個條逆(2)

①取方從受方的後面抓住其後領往後拉（與前項同）。受方被抓之下左腳退後，面部仍朝前以左肘攻擊要害。

②這時看向後方，看到取方的手立即以左腳退後，轉過取方的手臂下方，站在取方的側邊。

③以左手抓肘部，

④一個條逆抓手腕並且壓臂，踏前。

3.後領絞　反手摔

由後方裸絞頸部在第一個條只有這種裸絞技法而已。

　　註：例如立絞的對應技在第二個條才教授。

①取方從受方的後面用左臂絞頸。受方反射的將手指搭在取方的肘部與手腕上縮頸，避免取方的前臂繼續絞頸。

②將取方的前臂推向胸前，左腳退後轉身

③依靠胸部的透徹力發動手腕反手招，

④加以排開，使用前臂反手招摔倒。

268

參考：半坐半立技的意思

大東流的半坐半立技法是取方欲拉倒坐著的受方之技法。因此半坐半立之後，在被抓的瞬間反射發動合氣最重要。

①受方坐、取方立（受與取角色對換）

②受方抓取方的兩手

③拉

④拉倒
　註：這是兩手捕，但其他的取法意思相同。

4.後方兩肩捕　足取（擬稱）

①取方由後方抓住受方的兩肩。

②受方被抓之下，右腳退後一步，將右肩朝後方推（當然左右皆可）。

③接著右肩伸前左腳退到取方的後方，腰部放低，

④抱起取方的兩腳摔倒於後方。

　註：首先乘著拉力，利用肩膀發動合氣最重要。

5.後方兩袖捕　入身落（大折腰）

①取方從受方的後方抓住兩袖後拉。

②受方將右腳後退，右手臂壓向取方。

③將後推的右臂伸向前方，左腳踏向取方的後方，左臂伸展爲圓相，依靠臂的透徹力朝取方的前胸砍下推倒。

④將取方推到膝上稱爲背骨折。（大折腰）

　註：後捕技法，一切都是配合取方的力貼近對方最重要。

6.後撲抱捕　過肩摔

①取方由後方抱住受方手臂。

②受方立即以合氣揚手的要領豎立兩前臂。同時腰部略微放低。

③繼續放低腰部兩手搭在取方的手臂，以腰部緊靠取方的兩脛，一面身體前傾，越過身體前方摔出（背負摔）。
　　註：不要抓取方的手臂而以兩手從上壓即可（參照280頁④）。

④不良舉法。肘部張開的舉法不合理。立起前臂以「揚手」型舉高才行。

參考　陳式太極拳
披身捶

①披身捶意指手臂被抱住時，如脫衣的要領排外的型式，利用兩臂與背部張出的力量發勁。
照片是陳式太極拳的名手
丁金友老師

②發勁將上抱的取方排開的情形。與發動合氣的動作相似。

7. 後下方抱捕　一個條逆

①取方從受方的後面抱住身體。取方右手握住左手腕避免被掙開。

②受方以右手抓取方的右手腕，以左拳擊打其手背（使用左手的第2關節）。

　註：由於不能用合氣故以拳敲擊。

③右手抓住其手腕轉身朝向對方使出一個條逆。左手推肘令肩浮高。

④應用手腕的反手招左腳大步踏入，壓住手臂。

參考

合氣呼吸摔

①學會合氣則立即發動合氣，瓦解取方的腰。

②依靠前臂的透徹力夾住取手的手臂，

③擺動身體摔向前方

8.後方兩手捕　過肩摔

①取方從受方的後面抓住兩手腕。

②受方以合氣揚手的要領舉高右手（照片是轉方向），

③接著高舉左手放鬆力量，

④依兩手的透徹力將取方的兩腕壓向自己的胸前腰部放低，身體前傾，以腰部挑高取方的兩脛，然後越過身體摔倒，即過肩摔（參考 P276③圖）。

9.後袖單手捕　一個條逆

①取方從受方的後面
抓住袖子與手腕。

②受方立即將被抓的
左手伸到取方前面，
左腳踏出將其力量排
開，

③接著左腳踩前，

④轉身以右手抓住取
方的手肘，左手用手
腕反手招，又將右腳
踩前予以壓住。

10.後方帶捕(1) 一個條逆

①取方以右手從後面抓住受方的腰帶。

②受方以右手抓取方的手腕，左腳大步踩前。
　　註：大步踏出使取方的身體伸展，喪失其力量。左右腳皆可。參照次項。

③向後轉身的要領，手腕成一個條逆，以左手抬高其肘。

④以手腕反手招一面壓住手臂一面左腳大步踏前予以再壓制（繼續以伏臥壓制使出一個條逆絕技。）

11.後方帶捕(2)　前臂反手

①同前項，取方用右手抓帶。

②接著受方用左手抓取方手腕，右腳大步踏出，令取方的力消失，

③以抓住手腕的姿勢轉身，變成前臂反手的抓法。

④接著將右手的拇指丘壓在取方的手背拳背，發出透徹力予以壓制。

12.側諸手捕(1) 一個條逆

用第一個條制服從前側邊攻擊的取方約有十種手法。

①取方從受方的側邊用兩手按住受方的左手。

②受方立即將左手朝後方舉高，左腳略微後退使其力量移開。

③以一個條逆抓取方的右手腕，左手抓住其肘推高，

④以手腕的一個條逆壓住手臂，左腳大步踩前。（繼續以伏姿制服，使一個條逆絕技。）

13. 側諸手捕(2)　四方摔

①與前項相同，取方從側邊用兩手抓受方的左手，

②受方立即將左手伸前左腳踩前移開其力，

③以右手抓取方右手腕的內脈側伸直，右腳靠近取方，

④一口氣轉身以四方摔摔倒。

14.側袖單手捕　一個條逆

①取方從受方的側邊
抓住衣袖與手腕。

②受方立即將左手伸
前移開其力，左腳右
腳前進。

③轉身用手刀制服取
方的手臂，

④右手抓肘、右腳大
步踏前壓住手臂。
（以伏姿壓制，完成
一個條逆絕技。）

15.側逆手捕　一個條逆

①取方從側邊以反手抓住受方的左手。

②受方立即以透徹力將左手揮後，左腳退後移開力量，
　　註：逆手則以虎口
　　　　為下方之抓法。

③右手以一個條逆抓取方的手腕，左手將肘推高，

④左腳大步踩前，應用手腕的反手壓臂。

16.半坐半立諸手捕　手腕壓制

①取方以兩手抓住坐著的受方之手腕企圖拉倒。受方立即伸出右手發動合氣，

②半抓肘部上推瓦解身體，右膝立起。

③左腳大步踏前、壓臂。

④手臂推高之後作手腕反手招。

17.半坐半立兩手捕　四方摔

①取方站在受方之前抓其兩手企圖拉倒。受方立即發動合氣揚手爲要訣。

②右手抓取方的右手腕右膝立起,虎口壓在內手腕以指頭絞壓手背。

③兩手伸出左腳踩前

④以向後轉的要領一口氣地轉身反手臂,將手腕拉下推倒。(接著以將手腕拉上的絕技)。

18.半坐半立側單手捕　四方摔

　　半坐半立捕的側單手捕，是第一個條講習時作如下的說明，由武田惣角傳授。

　　地點在會席，客人在小餐桌前坐下。受方爲客人之一。小餐桌之間留著可通人的間隔。在此狀況，取方站在受方的側邊，以單手企圖拉倒。

　　受方手被抓住的瞬間伸手發動「合氣」。之後，在小餐桌之間膝行前進，應用手之抓勁使出四方摔。在身體未轉變之下，只憑抓的透徹力發動技法與其他的四方摔不同。由於如此，不碰倒餐桌及弄髒周遭，將取方倒向自己的後方。

①取方從側邊用右手抓坐著的受方。（照片略）

②受方立即伸出左手發動合氣。

　註：半坐半立的情況下立即發動合氣最重要。

③受方以右手抓住取
方的內手腕，膝行前
進，出於取方之前。
（以此方式行進在小
餐桌之間。）

④用右手的抓技反折
取方的手臂，

⑤予以拉倒。像這樣
只依抓的透徹力拉倒
爲特點。

⑥應用抓的透徹力拉
高手臂予以制伏。

　以上第7章至第9章大概說明大東流合氣柔術。第一個條的
手法約一百種，本書是依據武田惣角在講習會教授的體系進
行說明。與此相同，從第二個條到第十個條則教授對應捕手
（取抓手）的對應技。

　昭和初年，最初一個條的講習十天繳費10圓，之後，一週
即繳費10圓。到第三個條的講習二十一天的期間全程再繳30
圓，即可獲得一百一十八個條的秘傳卷軸。但卷軸與傳授的
內容無關。

　多半的人到了這個程度便停止，很少有人再繼續進階第四
個條以上。大部分的中年人很難在一週或十天之內學會此技
，這是大東流的正傳之所以少的主因。依此點看來，八光流
柔術的函授法對大東流技法的普及傳播反而貢獻良多。

　關於武田惣角對應抓取（捕）手的體系，現在宗家武田時
宗先生將一百一十八個條的技法與一般的柔術比較，進行技
法差別的分類，套用於第一個條至第五個條進行指導。

總　　論

　　無論是合氣或柔術，透徹於對方的力才是技法的生命所在
。爲了使力量透徹首先須鍛鍊前臂透徹力。也是需要集中全
身之力的技法。此種集中的技法爲伸肌技法或傳達力技法。

　　本書曾說明合氣、發勁的秘密在於前臂透徹力與傳達力的
使用方式。然而大東流合氣柔術的技法是第一個條至第四個條
爲前臂透徹力的鍛鍊技，從其秘訣的實戰技到體術之合氣的訓
練過程，都是相當嚴謹地結構，這點我已敘述過自己的論點。

　　爲了解說之便，在日本武術界未有表達前臂透徹力或傳達
力的適當用語。本書使用適宜的中國拳法用語或新造語。關
於這些用語說明如下。（☆爲新造語）

1.勁

　　藤堂明保編『漢和大辭典』如下說明。

　　「勁的意思①（形）**核心強**、強大張力、不鬆弛。②（名
）張力。」

　　中國拳法根據**強**的原本意義，套用於「不同於臂力的另一
種力」的用語，同時依此發展使用表示種種力的用語。

　　根據文獻關於勁力之內容，第一是傳達力，也表現集中力
、透徹力、各種力等。可是，由於這些無法予以分化區別（
未能像合氣一樣可分化），使得勁力的了解程度較難。

2.**傳達力**☆

　　傳達力可能是間接力。即如果以手臂的直接力量爲直接力

；力量源在身體其他部位，從指尖發揮出來的力為間接力。例如槓桿是一端加力（直接力），到另一端被擴大利用（間接力）。由於如此，槓桿所產生的作用力，可說是傳達力。傳達力的特徵如下：

①比臂力更強大使用肌肉之力。

②肌肉的力能綜合使用。

③能瞬間地增幅。（依據槓桿的原理）

④可以加速。

⑤能微妙地控制。（本書省略說明）。

3.傳達力(2)

本書表示傳達力僅依靠伸肌的使用，可是太極拳卻將伸肌的力之加算稱為外三合，屈肌的力加算為內三合，當然也利用屈肌的傳達力。例如陳式太極拳將伸肌依據勁力的用法稱為「開」，依屈肌勁力的用法為「合」之語詞表示。

在「打、突（刺）、摔」的運動中特別需要伸肌的伸張力，同時在本質上伸肌的使用較難，問題也跟著較複雜，因此本書只強調伸肌的傳達力之說明。

4.傳達力(3)

以傳達力的例子再補充說明。例如在繩子或鐵球運動，或者轉動鐵鏈時，繩子或鐵鍊為傳達路徑。最初的原動力為手指尖，然而手指欲被身體的傳達力所驅動。隨著反覆旋轉又更加速，故可達非常快的速度，而發揮威力。如此傳達力具有可加速的性質。

5.集中力

刻意地將傳達力集中於一點時，將傳達點（終點）稱為集中力。力的集中法不外乎是傳達力技法。

6.透徹力☆

　是從傳達到一點的集中力對物體所產生的作用層面所取名的，表現極銳利透徹浸透到物體內部的力量，但並非集中力可立即發揮透徹力到達物體。爲使集中力成爲透徹物體的透徹力，接觸物體加力的部位本身非擁有伸張力不可。

7.前臂透徹力☆

　「打、突、摔」運動，接觸物體出力主要是在前臂部（肘的先端），因此將此部分自身所擁有的伸張力依據力表現爲前臂透徹力。同時也可說力量集中於肘部到指尖。具體地說拳、拇指丘、食指根、掌根、手刀、抓（指尖）、前臂、肘等一切部位自身都持有伸張力，此部位自身對外部能發揮透徹力。拿道具所進行的「打、突、摔」運動也是相同。

　將這前臂透徹力在日本劍術表現爲「手之內」，中國氣功表現爲「內氣」等。根據前臂透徹力的「抓」即大東流的「半抓」「抓手」，中國拳法的「鷹爪手」。前臂透徹力不僅在一切「打、突、投」運動所必備的能力之外。例如劍道的「握」或高爾夫球的握捍問題，若無前臂透徹力無法解決。

　前面曾說過，我認爲大東流合氣柔術第一個條至第四個條以前臂透徹力之鍛鍊爲目的。根據所養成的前臂透徹力使用於實戰技的肘關節技，或者完成「前臂的合氣」。

8.發勁

　發勁是拳法上之傳達力的適應技法。此傳達力的始發點是腳底與地面的對抗點，加上腳部的伸張力與腰背部的伸張力，主要皆以手臂爲傳達路徑而終點在手指尖。傳達力是以伸張力爲原動力，因此依吐納法加以強化。同時其力依靠腰部的扭轉力和身體的前進力可予以加速。這些技法能連續正確

瞬間使用才行。各技法之間的連絡結合法是各派的秘傳。

9.前臂的合氣

被抓住前臂時，在被對方抓取的狀態下，利用其骨骼上的弱點，以手臂爲媒介制禦對方的身體，奪其重心的技術。以扳法而言，主要使用圓相動作，移開對方的力之同時封住其力，但是此技法的練習很難實用，而必須體得前臂透徹力才行。

10.身體之合氣

無論身體的哪一部位被抓住的瞬間，讓對方的力化於無形的**技術**。爲達此目的，只將傳達力傳到指尖是不夠的，必須是集中到身體的任何一部位才行。以技法而言，和前臂的合氣相同，以圓相動作移開對方的力之同時封住其力。能發動身體之合氣便能夠在不使用雙手的情形下，隨心所欲地發動摔倒對方的**合氣摔**。

11.合氣的鍊體或合氣的體

這是合氣術少有的高手，大東流合氣柔術宗範**佐川幸義先生**所言：「**能成爲合氣鍊體，任何移動皆是合氣**」，能學會「合氣之鍊體」即可超越「合氣的技法」，不論哪種動作皆可發動合氣摔。必須徹底地訓練技法才有可能培養出「合氣的鍊體」，也是訓練的主要目的。至於「合氣的鍊體」，也是訓練的主要目的。至於何謂「合氣的鍊體」呢？

我認爲「合氣的鍊體」＝「發勁的鍊體」＝「強打之練體」＝「長打之鍊體」，而以「透徹體」解之。即不論是無意識的動作，或僅是一根指頭，其動作皆有伸張性。因此從身體的任何部分均能自在地將透徹力加向外部之體，即所謂「合氣之鍊體」。

後　記

「未出力之下擲出」的不可思議技的本質是無形之力，即傳達力的作用，本書是如此解釋。依據原先日本武道界稱此力為「氣之力」，可是卻誤解為精神的力量，因而欲修習變得很困難。

這種力的特點是①總合全身伸肌的伸張力之集中力，②依據技術可增強，③可以微妙地加以控制，④感覺未如屈肌發達，故需刻意地訓練才行。

為體得此力，氣功的訓練極有效果，但「氣」本身不會直接地對體術有所幫助，我如此認為。至於筆者是中國道家仙道（氣功）行者之一，充分肯定修練氣的重要。

經過如此系統的歸納，可了解恩師有天生的才能，但他數十年如一日不間斷地「鍊體」與「功夫」，才能成為稀少的高手。同時也了解自己得遇此良師的教導，實是三生有幸的，此也對自己無法貫徹其道，愧對其厚情而慚愧。

至於本書的內容對於學會武道各派的宗家、宗流的修習者而言，可能認為是常識性概念而已，稚拙淺薄，但無法直接與宗家、宗流學習，也無法認識本書所介紹之程度的修習者仍很多，乃是個不爭之事實。

如果本書能讓那些認真的修習者獲益，筆者便深感慶幸。

1990.3.

吉丸慶雪識

國家圖書館出版品預行編目資料

合氣道的科學(合氣道發勁技法)/吉丸慶雪原著；
聯廣圖書公司編輯部編譯. ﹣﹣二版.
﹣﹣臺北市:聯廣,1999〔民88〕
面；　公分
ISBN 957-617-364-7(平裝)

1.合氣道

528.977　　　　　　　　　　　88012881

合氣道的科學　　　　　　　　2004 年 06 月四版

著　者	吉　　丸　　慶　　雪	
中譯審稿	許　　　　姜　　　　禧	
編　譯	聯 廣 圖 書 公 司 編 輯 部	
發行人	劉　　　英　　　富	
印刷所	新矩陣藝術印刷廠有限公司	
發行所	**聯廣圖書股份有限公司**	
	臺北市重慶北路二段 229 號之 10	
	電話: (02)82423438傳真: (02)82422439	
總經銷	**益群書店股份有限公司**	
	臺北市重慶北路二段 229 號之 9	
	電　話: (02)25533122　25533123	
	傳　真: (02)25531299　25531282	
	郵政劃撥：0015152-2	
	益群網址：www.yihchyun.com.tw	
	E-Mail:yihchyun@ms54.hinet.net	

（如有裝訂錯誤請寄回調換）　　　　編號：KK502-990929

·專為高爾夫球友編寫的·

高爾夫必勝新教材

增長知識・豐富人生

・新知識圖書館叢書・

尊重生命‧擁抱健康‧關懷家人
健康就是財富‧預防勝於治療
常見病防治和食療100法系列

全書系統化、通俗易懂，具有較強的知識性、科學性、實用性，適合一般家庭讀者閱讀。是最正確的診斷、治療、預防方法的指南書。

1 健美減肥100法
由淺入深闡述健美、肥胖、減肥的基礎知識，尤其是飲食、運動減肥基本方法。

2 月經病防治和食療100法
以問答形式重點介紹痛經、閉經、功能性子宮出血等診斷、治療、預防、保健及食療方法。

3 健腦益智100法
闡述幼兒生長發育特點及常用幼兒疾病的診斷、治療、預防，尤其是健腦益智食療方法。

4 男科病防治和食療100法
介紹陽痿、早泄、不射精、遺精、前列腺炎、男性不育等常見男科疾病的診斷、治療、預防。

5 美容祛斑100法
美容、護膚、化妝的具體方法與技巧，並介紹美容祛斑的家庭食療藥方。

6 頭痛防治和食療100法
偏頭痛（功能性頭痛）及器質性病變而導致各種頭痛的基本知識、臨床表現、檢查診斷。

7 頸肩痛防治和食療100法
常見頸肩痛病症、頸椎病、肩周炎的診斷、治療、預防、康復、食療方法的基本知識之闡述。

8 腰腿痛防治和食療100法
常見腰腿痛如腰肌勞損、急性腰扭傷、腰椎間盤突出症等臨床特徵、治療、預防、飲食療法。

9 腎炎尿毒症防治和食療100法
腎炎尿毒症之診斷方法，中西醫處理措施及預防方法，尤其是腎尿毒症的飲食方法。

10 類風濕關節炎防治和食療100法
類風濕性關節炎、類風濕性關節炎的診斷、治療、預防方法，特別是

11 中風偏癱防治和食療100法
臨床表現、致病因素、檢查方法、治療方法，對預防、食療等防治方法作了詳盡的介紹，尤其

12 老年病防治和食療100法
老年病的診斷、治療、預防方法，對老年人的飲食宜忌，作者以臨床實踐經驗詳細作了介紹。

13 胃病防治和食療100法
介紹胃病的基本知識，發病的原因、診斷方法、治療手段、飲食調養、預防措施等。

14 糖尿病防治和食療100法
介紹糖尿病診斷、治療、預防方法，對糖尿病患者飲食療法、II型糖尿病的防治。

15 耳鼻咽喉病防治和食療100法
介紹感冒和頭痛及耳、鼻、咽喉病的關係，及增添鼻炎、咽囊腔歐等新病介紹。

16 哮喘病防治和食療100法
特別介紹糖皮質激素吸入療法，在家庭中控制病情的方法和防治措施及有關兒童哮喘的知識。

17 心絞痛心肌梗死防治和食療100法
心血管病的病因、診斷、常規治療，家庭急救措施。日常生活的康復活動及食療膳食指導。

18 小兒呼吸系統疾病防治和食療100法
闡述常見的小兒呼吸系統疾病的診斷、治療和預防方法。並就其飲食療法作詳盡介紹。

19 骨折脫位防治和食療100法
對骨折脫位的復位、夾板固定、骨釘牽引及手術等治療提出新的見解及方法。

20 常見病推拿防治100法
闡述推拿的基本知識和常見病的推拿防治方法。全書內容豐富，圖文並茂，通俗易懂。全

兒童遊戲天地

1. 科學遊戲大圖鑑

2. 續　科學遊戲大圖鑑

3. 遊戲大圖鑑

4. 續　遊戲大圖鑑

5. DIY 玩具大圖鑑

6. 續　DIY 玩具大圖鑑

　　這是一套教導小朋友，從日常生活及身邊垂手可得的廢物回收學習如何再利用的方法。

　　體驗遊戲的樂趣及激發小朋友的潛能。是一套任何人隨時隨地都可以做的遊戲。

苏轼 前赤壁赋

历代法书掇英

历代法书掇英编委会 编

浙江人民美术出版社

前　言

法书又称法帖，是对古代名家墨迹，以及可以作为书法楷模的范本的敬称。中华文明史上留下了浩如烟海的碑帖，成形之书，始于三代，盛于汉魏，而后演变万代。编者敬怀于历代书法巨擘的尊崇，从中选取流传有绪的墨迹名帖，以飨读者。

苏轼生于宋仁宗景祐四年（一〇三七），卒于宋徽宗建中靖国元年（一一〇一）。字子瞻，又字和仲，号东坡居士。眉州眉山（今四川眉山县）人。嘉祐二年（一〇五七）进士，累官礼部尚书、中书舍人、翰林学士，故人称『苏学士』。苏轼在诗、赋、文、词、书、画上都冠绝一时，传颂千载。在文学上，与其父苏洵、其弟苏辙并称『三苏』；在诗赋上，开创了江西诗派，与黄庭坚并称『苏黄』；在书法上，以其极高的造诣，与黄庭坚、米芾、蔡襄并称『宋四家』。

苏轼少年时即聪敏过人，志向远大，不到十二岁已博通经史，诗文超群。嘉祐元年（一〇五六）苏轼、苏辙赴京应试。次年，兄弟二人高中同榜进士。嘉祐六年（一〇六一）授大理寺评事、签书凤翔府判官，从此步入仕途。由于『乌台诗案』，苏轼被逮下狱，后贬谪黄州。苏轼在黄州筑『东坡雪堂』，曾在此会见了米芾。元祐元年（一〇八六）哲宗即位后即将苏轼调回京师担任中书舍人、翰林学士。年底，黄庭坚入京拜谒苏轼，谈诗论文，评赏书画，建立了深挚的

2

友情。绍圣元年（一〇九四），由于苏轼的政治思想与王安石相左，被一贬再贬，由英州、惠州，一直远放到海南的儋州。直到元符三年（一一〇〇）徽宗即位，才遇赦北归，但终因不堪长途跋涉，于次年卒于常州，结束了他坎坷却又光辉的一生。

关于苏轼的学书经历，黄庭坚曾有精辟的论述：『东坡道人少日学《兰亭》，故其书姿媚似徐季海。至洒酣放浪，意忘工拙，字特瘦劲似柳诚悬。中岁喜学颜鲁公、杨风子书。其合处不减李北海。本朝善书，自当推为第一。』由此可知，苏轼年少时学王羲之、柳公权；中年时临摹颜真卿、杨凝式；晚年专攻李北海，加之『学问文章之气，郁郁芊芊，发于笔墨之间』，终于成就了一代书法大家。苏轼一生虽有大半生在流放地，郁郁而不得志，但他从未停止过书法创作。虽然战火频仍，还是有不少佳作流传世间。由于篇幅所限，本书选录苏轼法书代表作《赤壁赋》。

《赤壁赋》，纸本，墨迹，纵二十三·九厘米，横二百五十八厘米。是苏轼四十八岁时的楷书杰作。本帖前有残损，缺失三十六字，经明代文徵明补书。现藏台北故宫博物院。本帖结体疏密相间，章法楷行交错，凝重雄强，入木三分，是苏轼楷书中不可多得的杰作。

《赤壁赋》卷尾有文徵明、董其昌跋，董文敏跋曰：『东坡先生此赋楚骚之一变，此书兰亭之一变也，宋人文字俱以此为极。』

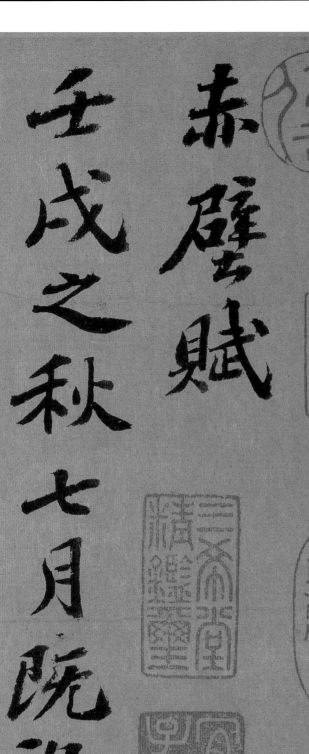

赤壁賦

壬戌之秋七月既望蘇子与

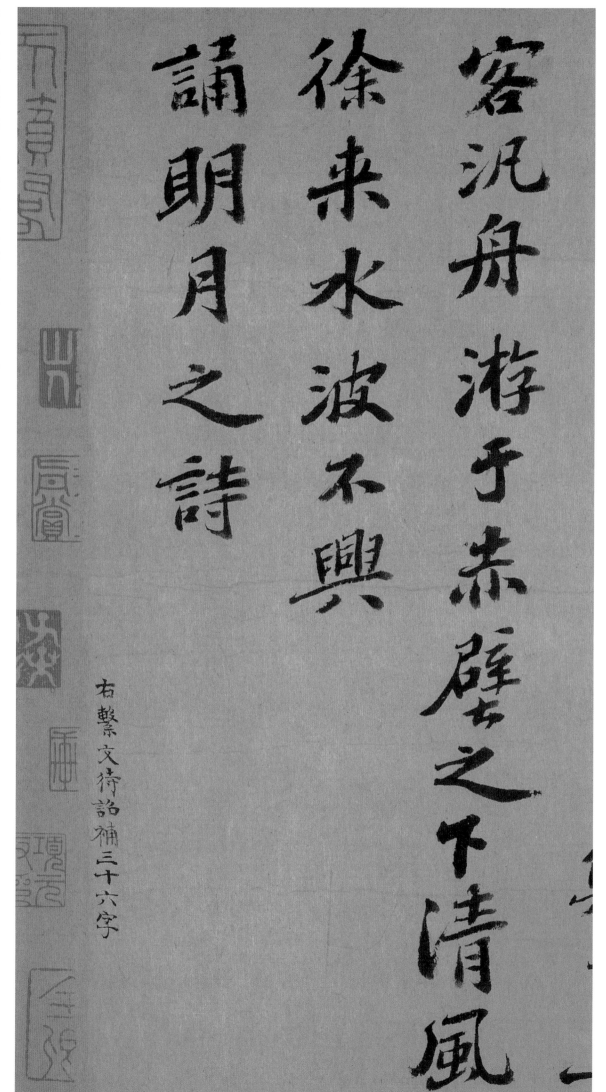

客泛舟游于赤壁之下清風
徐来水波不興
誦明月之詩

右繋文待詔補三十六字

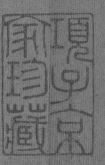

举酒属客。歌窈窕之章。

誦歌窈窕之章

舉酒屬客

6

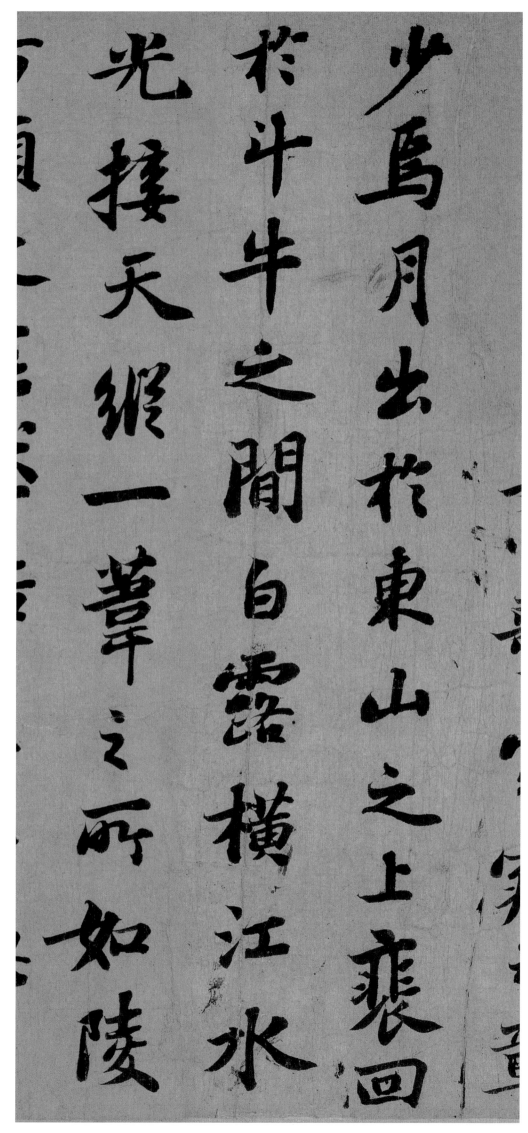

少焉。月出于东山之上。徘徊于斗牛之间。白露横江。水光接天。纵一苇之所如。陵

万顷之茫然。浩、乎如凭虚御风而不知其所止。飘、乎如遗世独立羽化而登僊

于是飲酒樂甚扣舷而

歌之歌曰桂棹兮蘭槳

擊空明兮泝流光渺兮

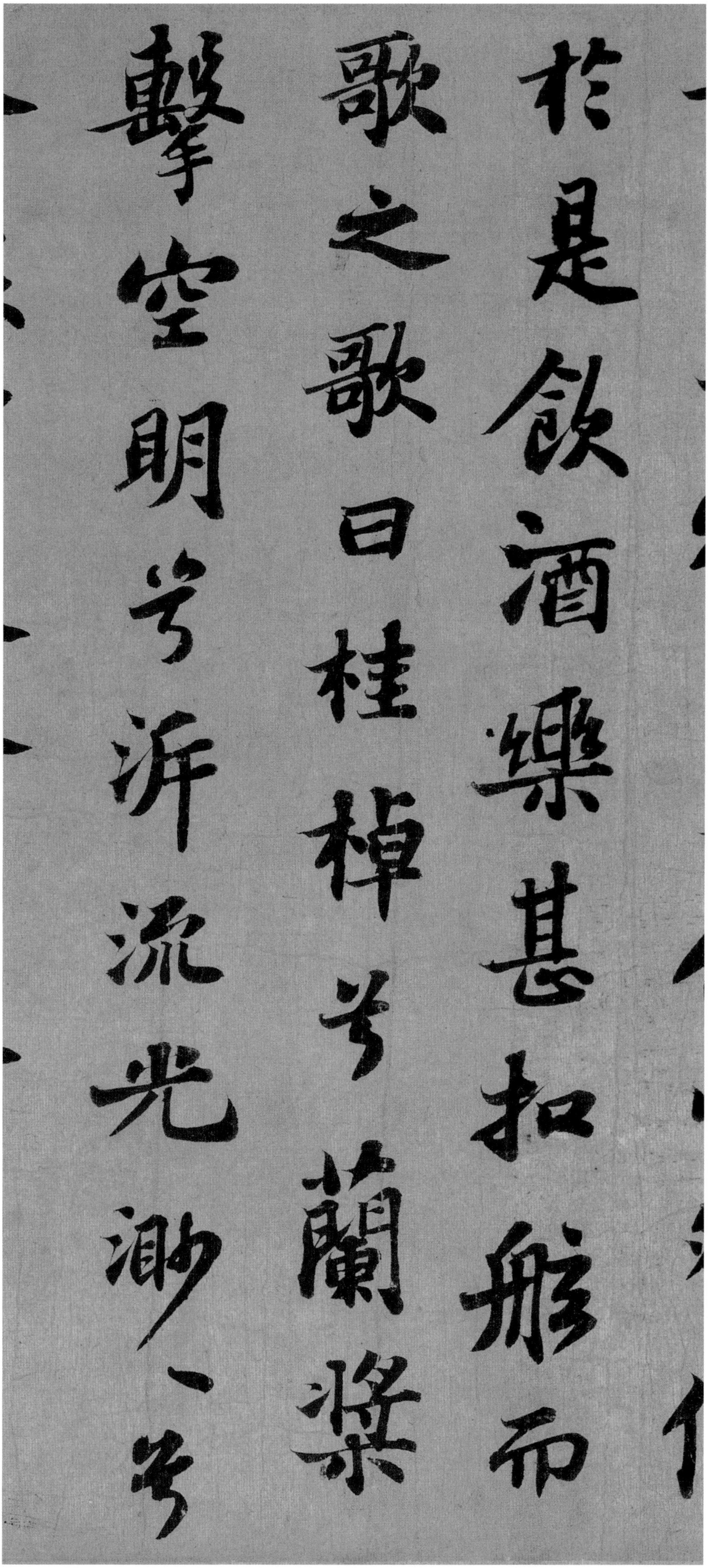

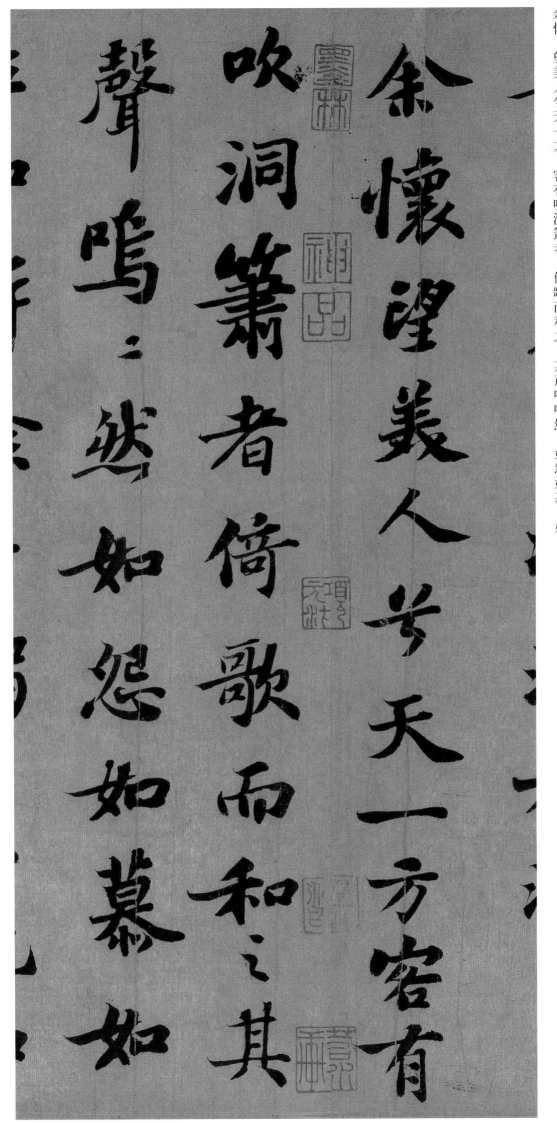

余怀。望美人兮天一方。客有吹洞箫者。倚歌而和之。其声呜呜然。如怨如慕。如

余怀望義人兮天一方客有

吹洞簫者倚歌而和之其

聲嗚嗚然如怨如慕如

泣如诉。余音袅袅。不绝如缕。舞幽壑之潜蛟。泣孤舟之嫠妇。苏子愀然。正

泣如訴餘音嫋嫋不絕如
縷舞幽壑之潛蛟泣孤
舟之嫠婦蘇子愀然正

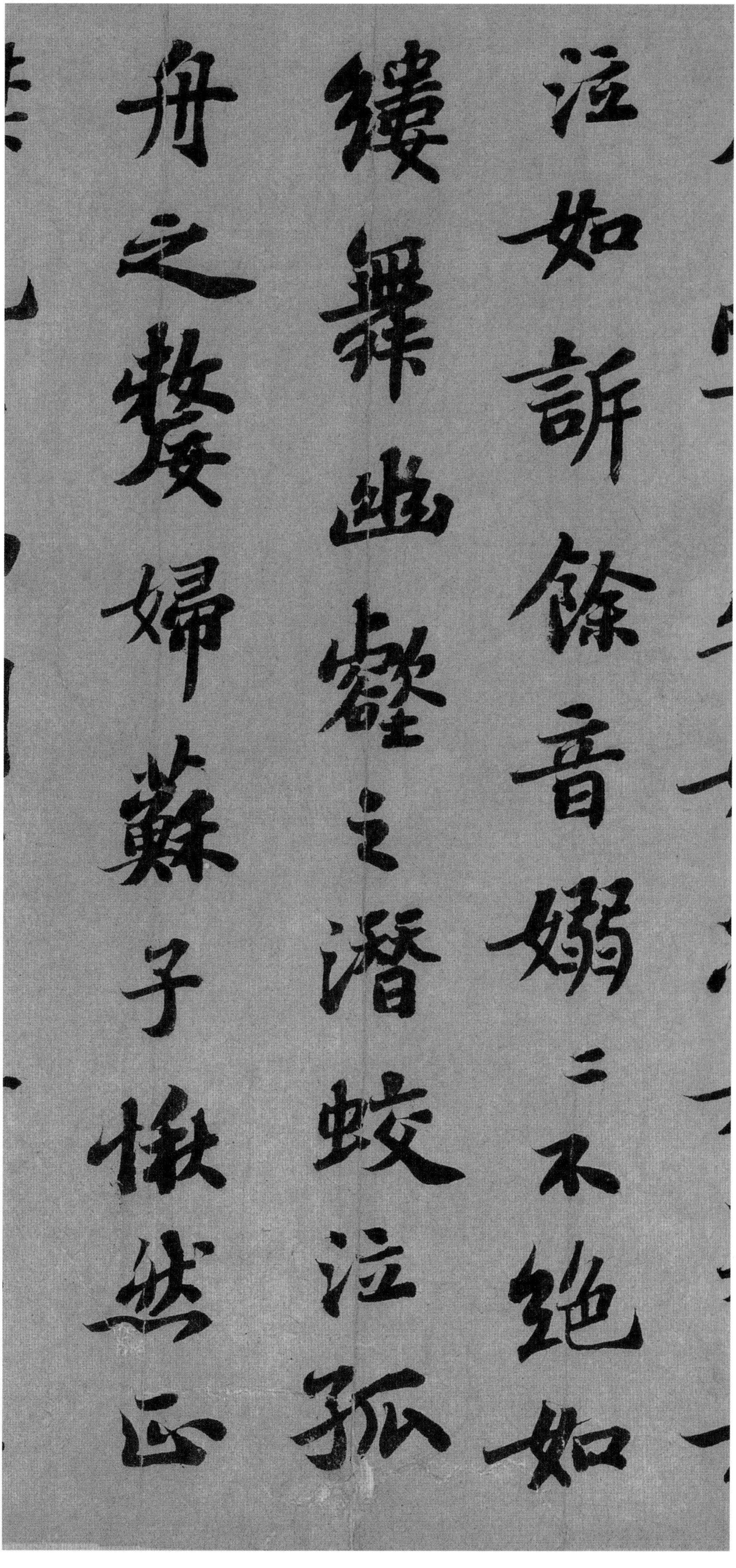

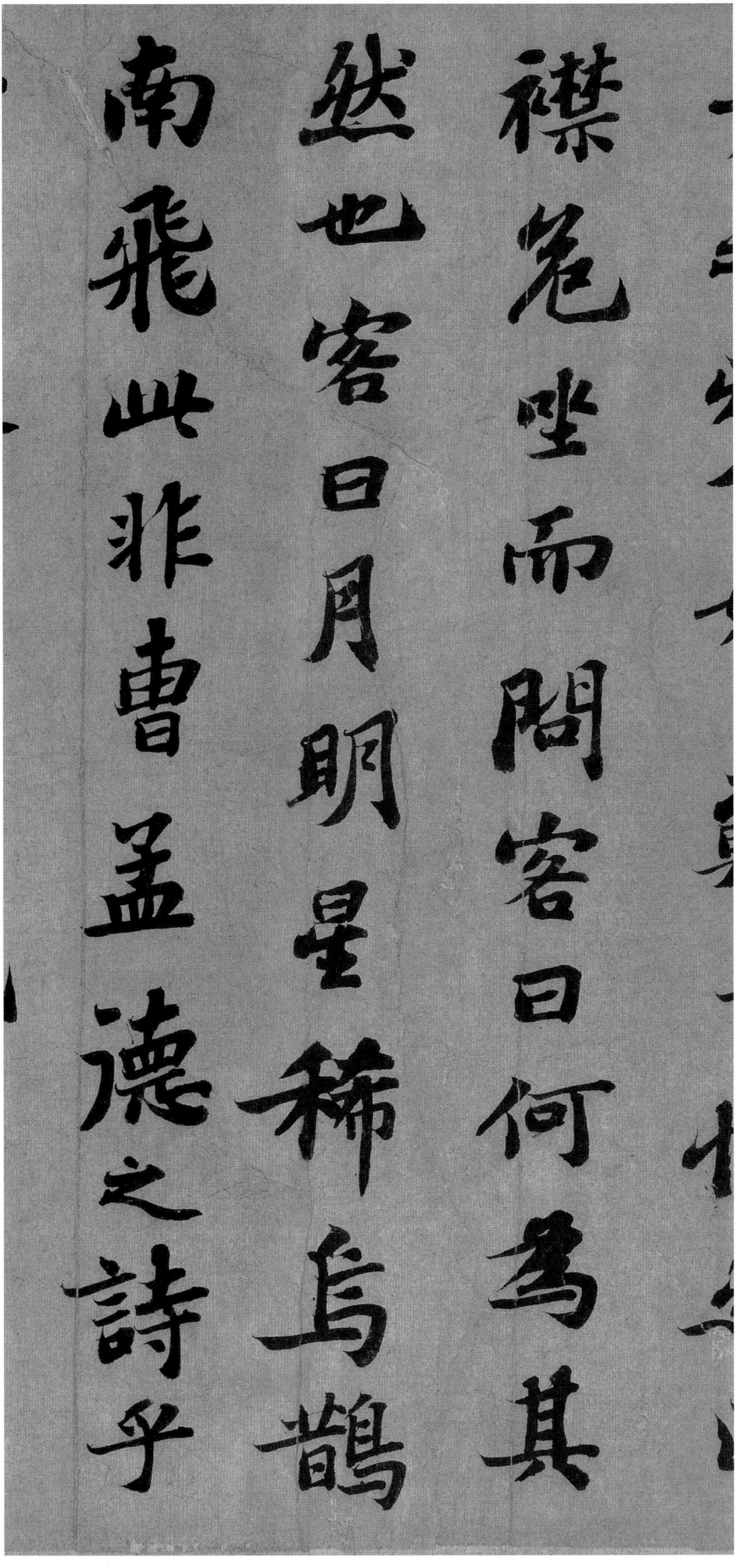

襟危坐而問客曰何為其

然也客曰月明星稀烏鵲

南飛此非曹孟德之詩乎

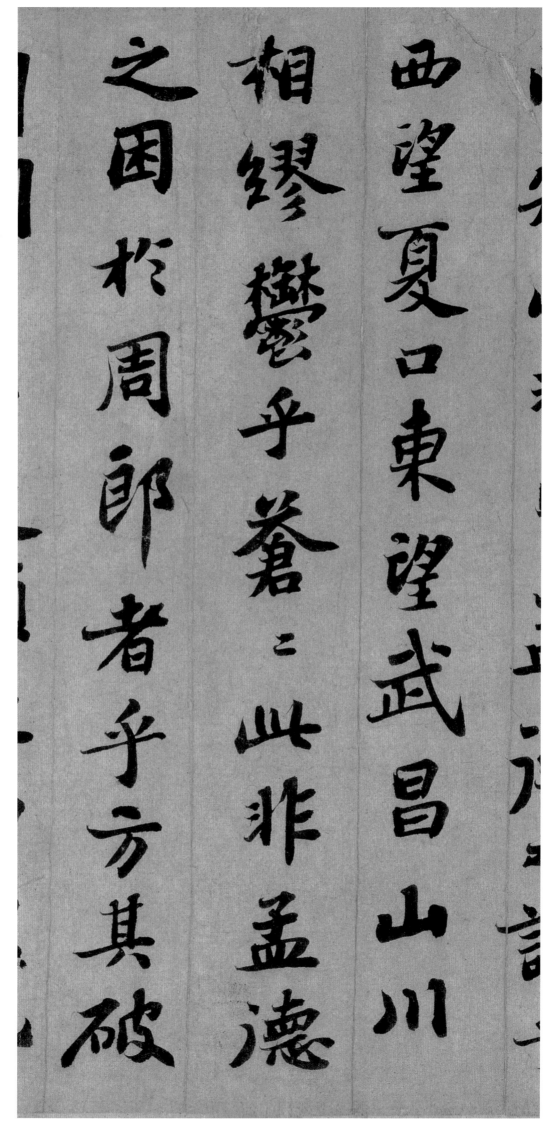

西望夏口。东望武昌。山川相缪。郁乎苍苍。此非孟德之困于周郎者乎。方其破

西望夏口東望武昌山川相缪鬱乎蒼蒼此非孟德之困於周郎者乎方其破

13

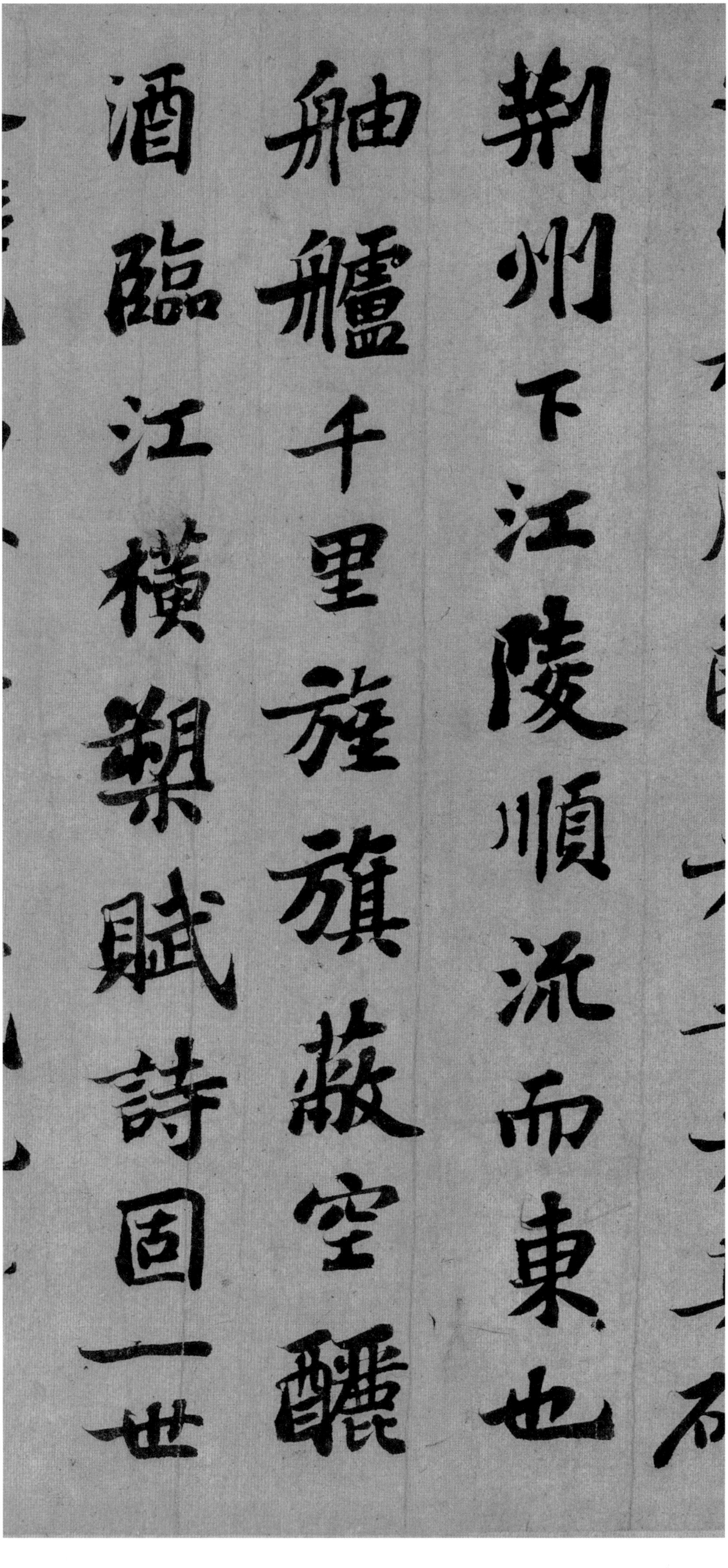

荆州下江陵順流而東也

舳舻千里旌旗蔽空酾

酒臨江横槊賦詩固一世

之雄也而今安在哉況吾與

子漁樵於江渚之上侶魚

鰕而友麋鹿駕一葉之扁

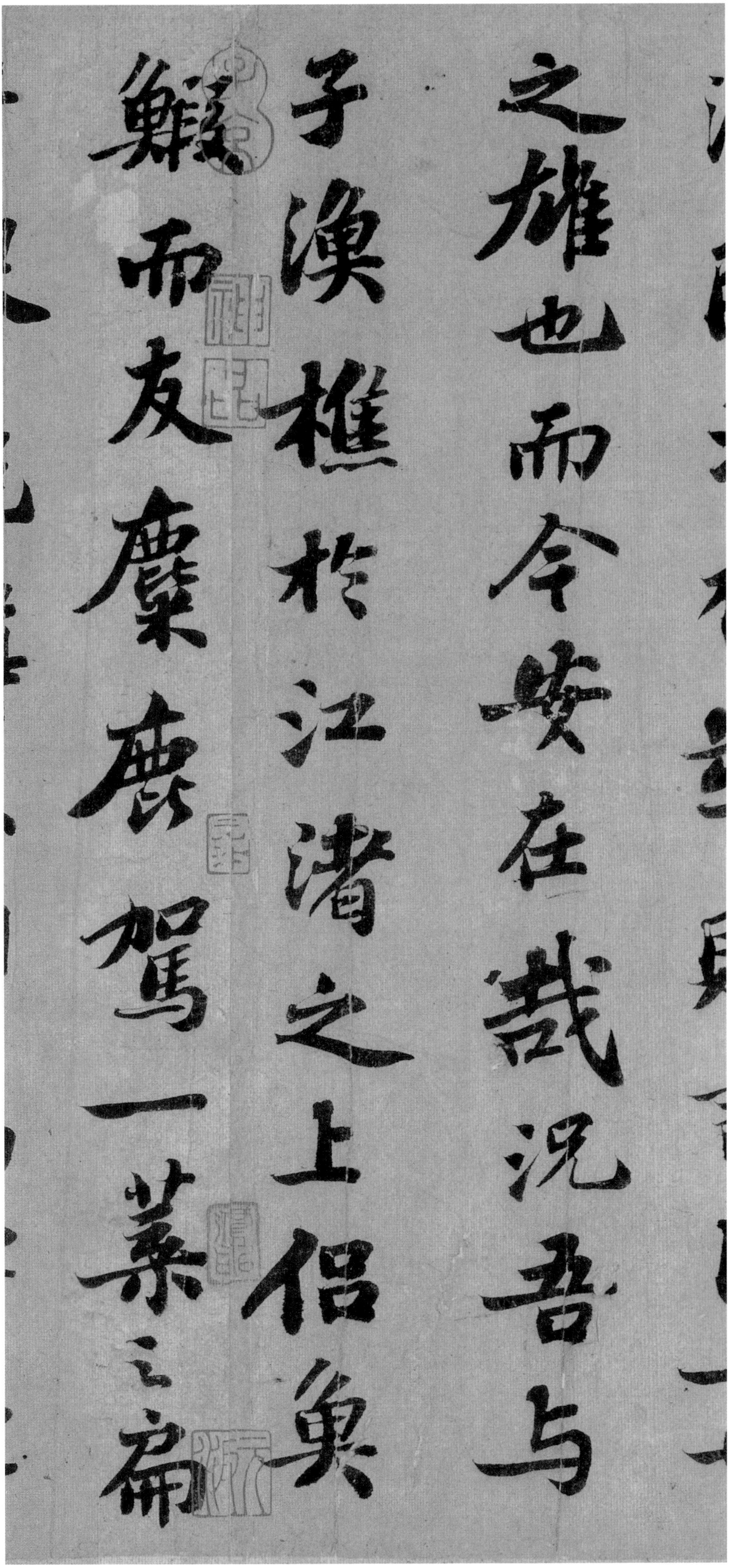

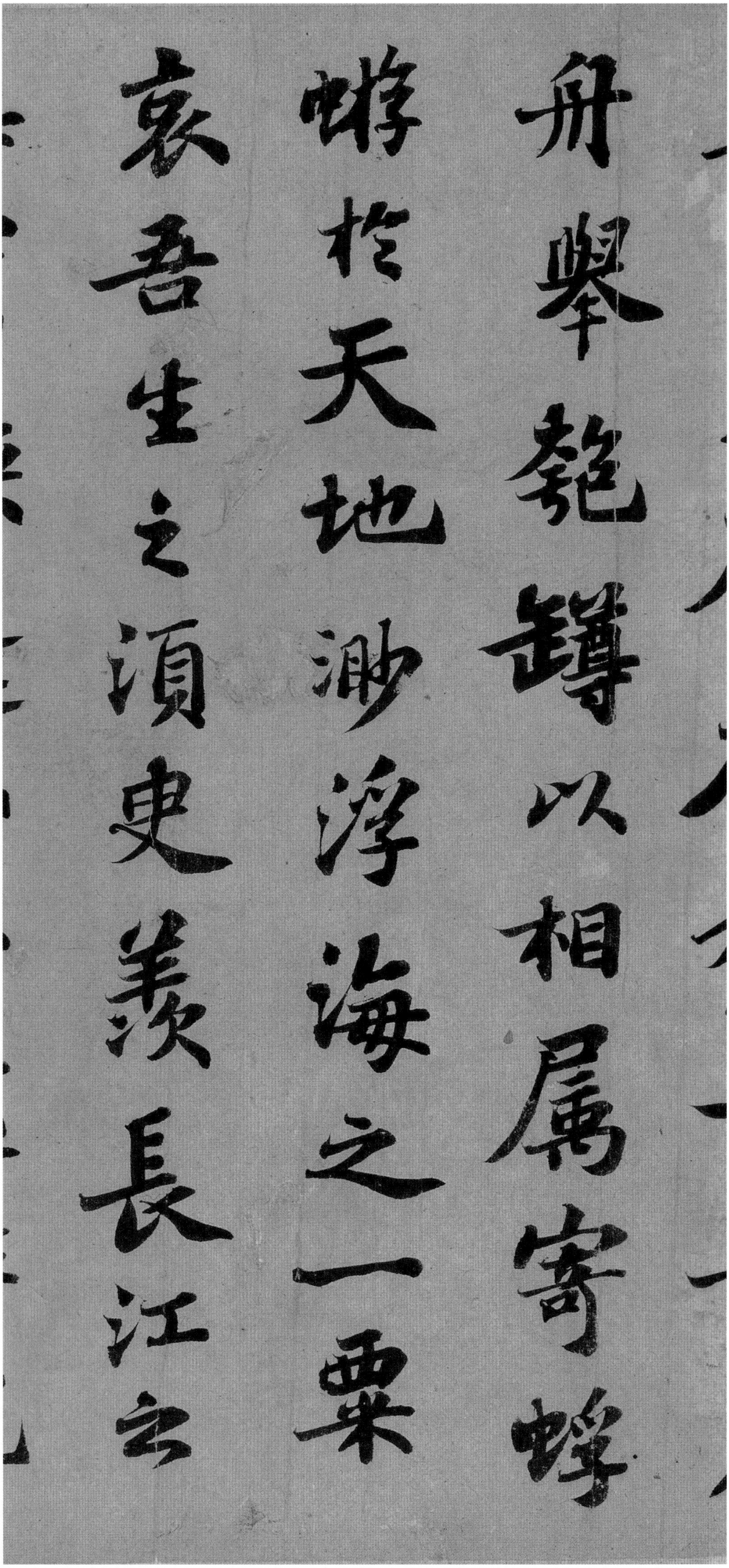

舟举匏樽以相属寄蜉

蝣於天地渺浮海之一粟

哀吾生之須臾羨長江

無窮挟飛仙以遨游抱明月而長終知不可乎骤得託遺響於悲風蘇子

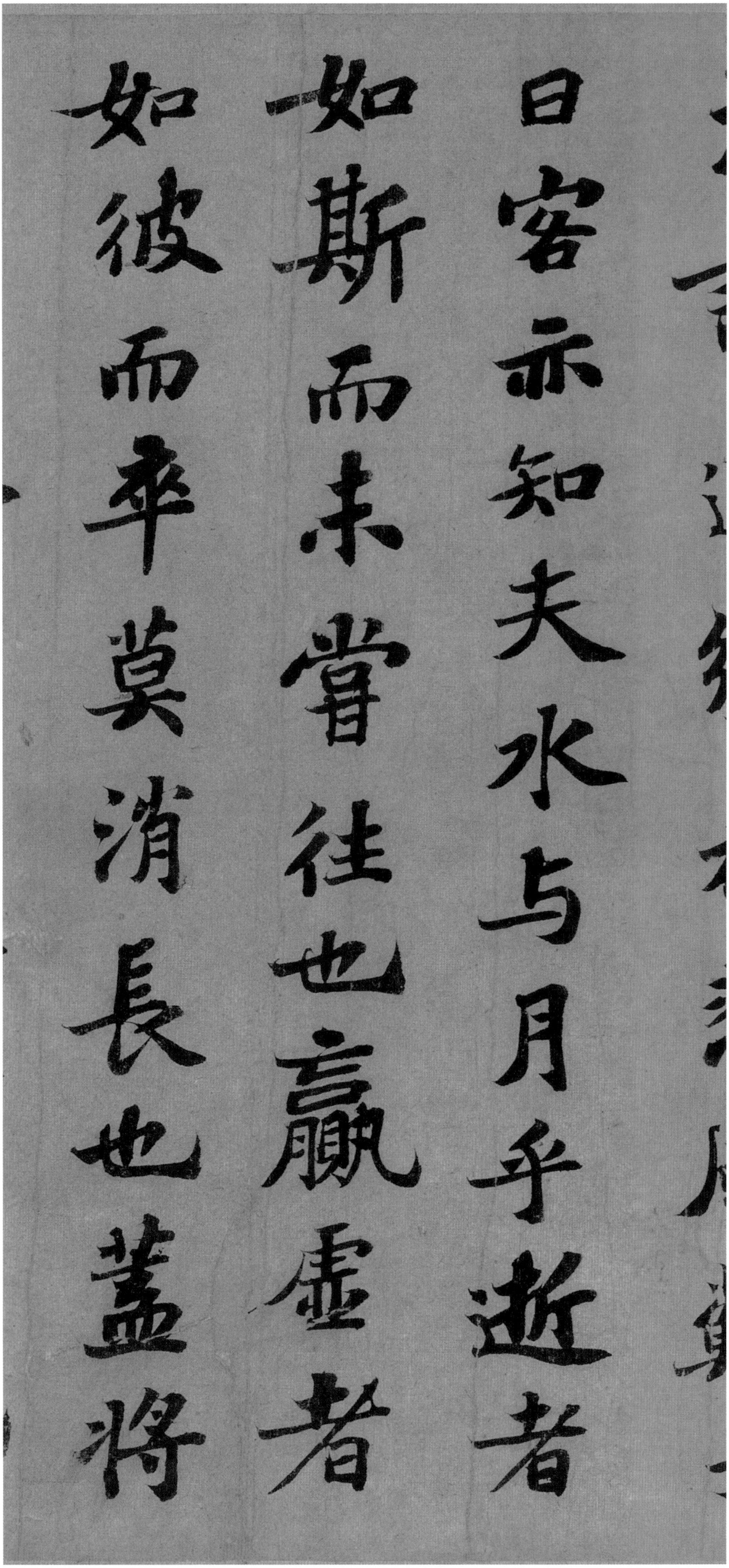

曰。客亦知夫水与月乎。逝者如斯。而未尝往也。盈虚者如彼。而卒莫消长也。盖将

曰客亦知夫水与月乎逝者

如斯而未尝往也赢虚者

如彼而卒莫消长也盖将

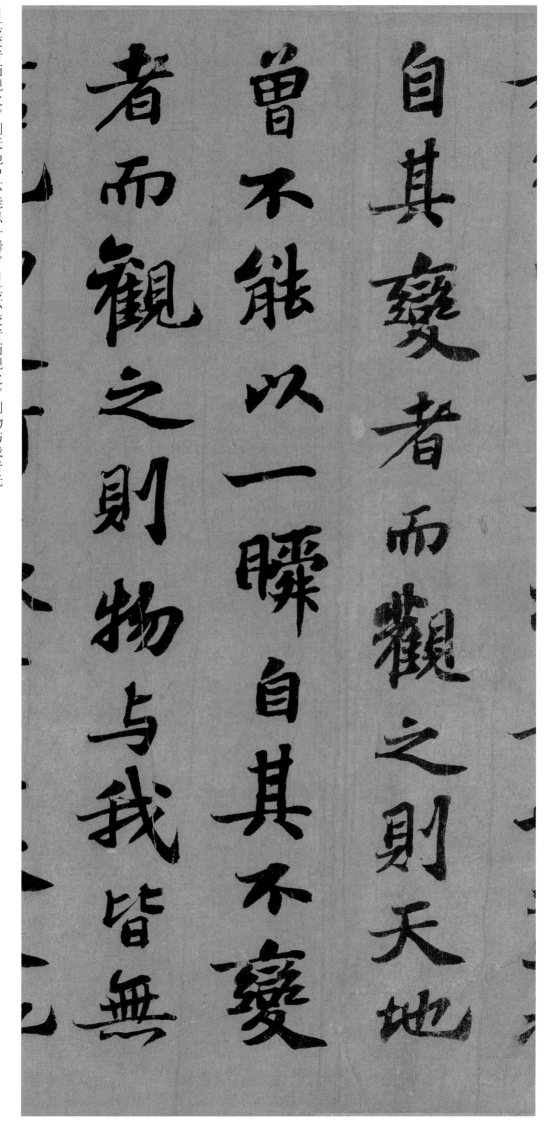

自其变者而观之。则天地曾不能以一瞬。自其不变者而观之。则物与我皆无

盡也。而又何羨乎。且夫天地之間。物各有主。苟非吾之所有。雖一毫而莫取。惟

盡也而又何羨乎且夫天地之間物各有主苟非吾之所有雖一毫而莫取惟

20

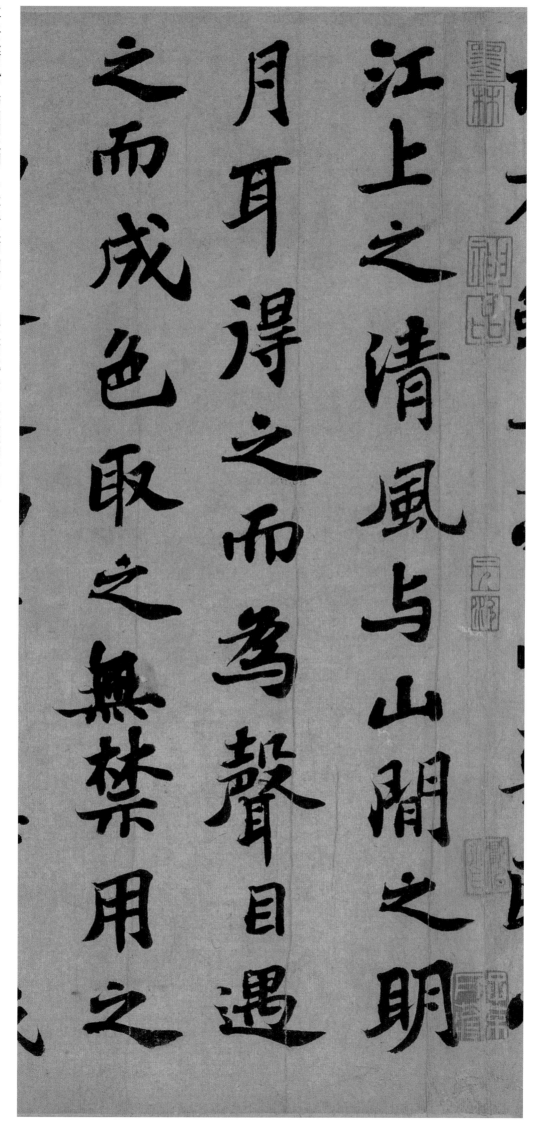

不竭是造物者之無盡藏也而吾与子之所共食客喜而笑洗盞更（平）酌肴核

既尽。杯盘狼籍。相与枕藉乎舟中。不知东方之既白。

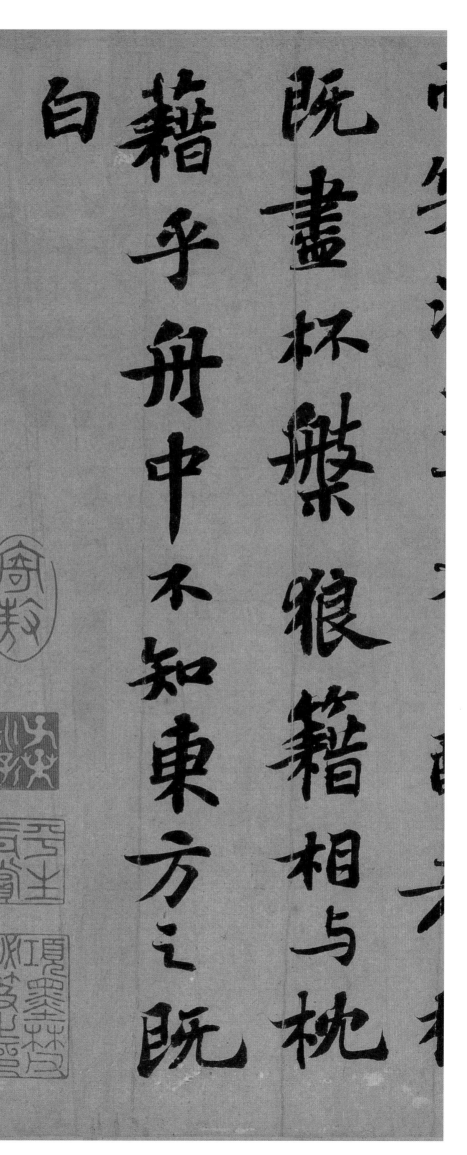

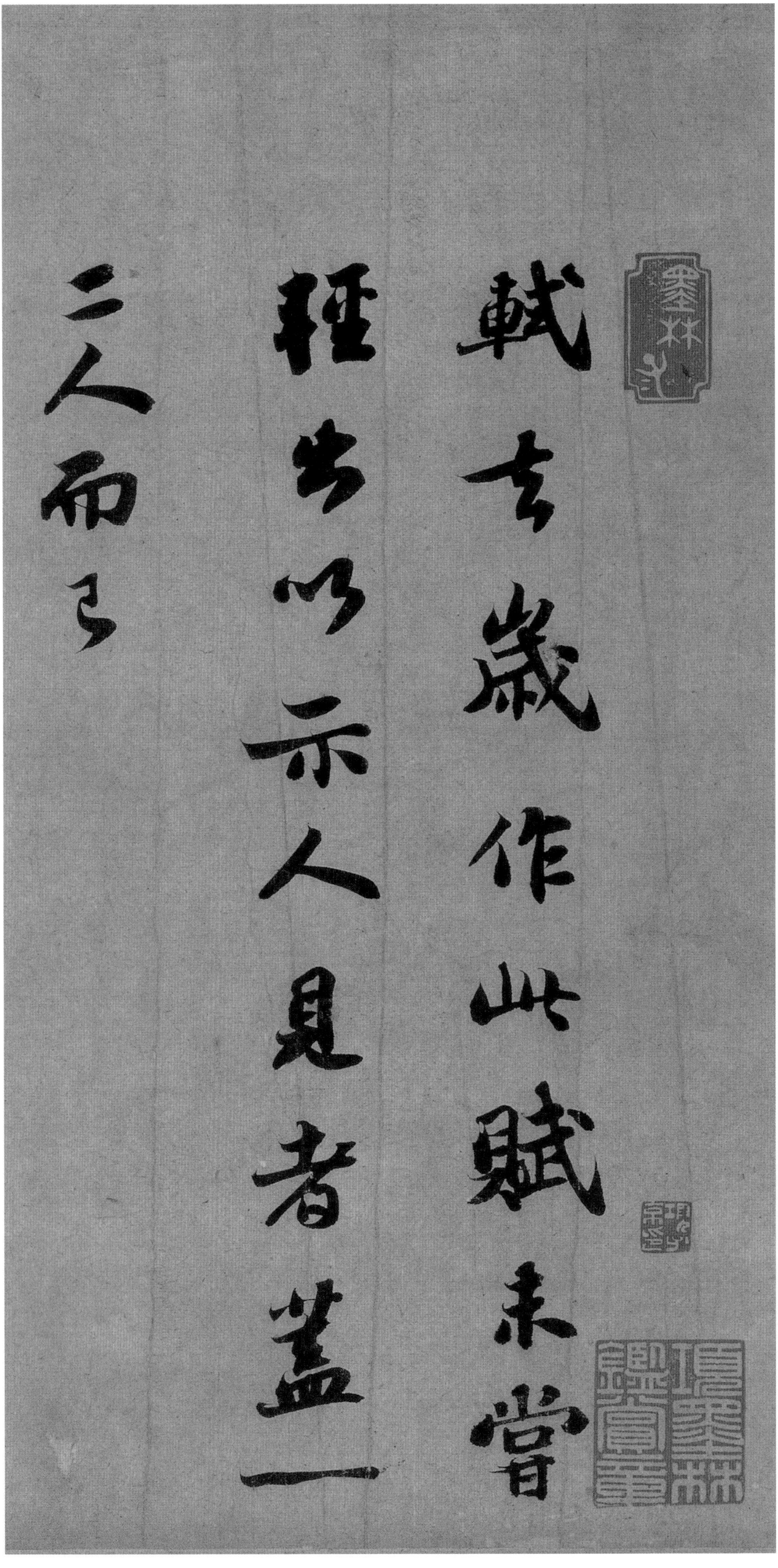

轼去岁作此赋未尝
轻出以示人见者盖一
二人而已

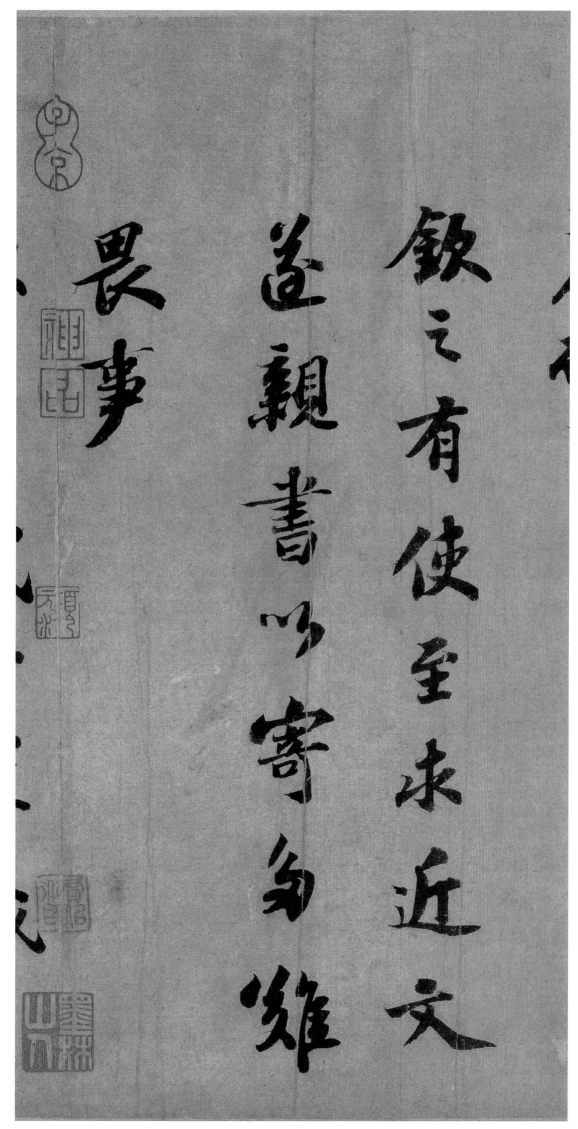

钦之有使至求近文

遂亲书以寄多难

畏事

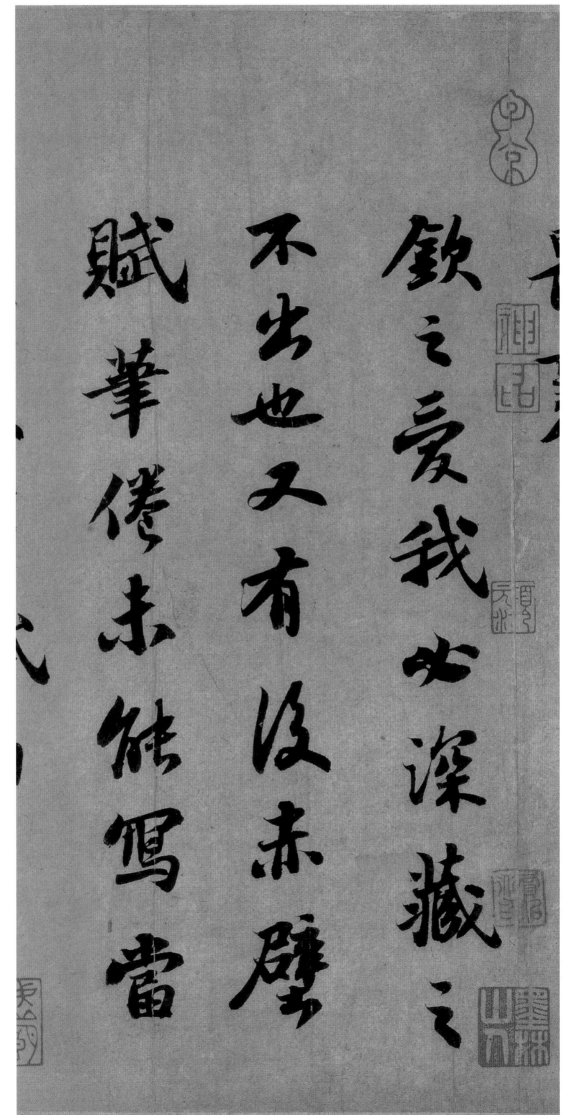

钦之爱我。必深藏之不出也。又有后赤壁赋。笔倦未能写。当

赋笔倦未能写当　不出也又有赤壁　钦之爱我必深藏之

26

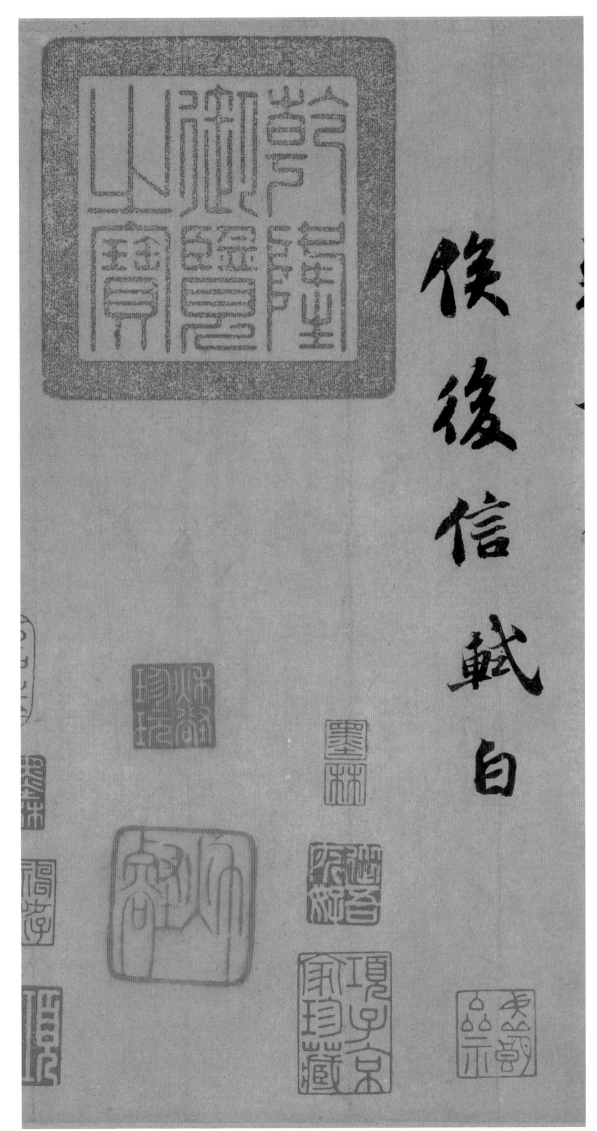

俟后信。轼白。

27

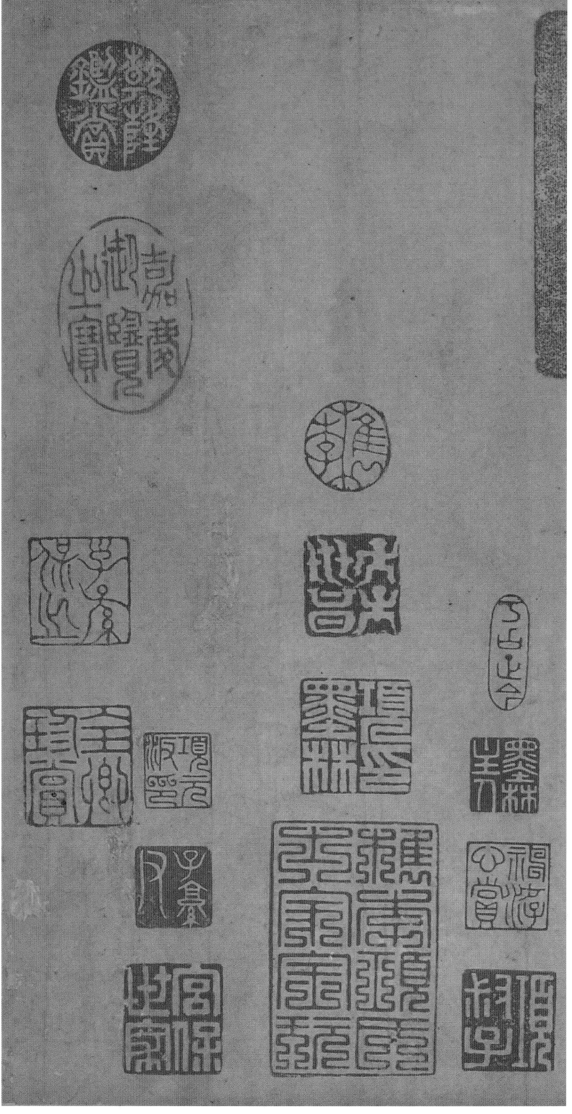

29

右東坡先生親書赤壁賦前缺三行謹接

蘇滄浪補自序之例輒亦完之夫滄浪之

書不下素師而有極媿糠粃之謙徵明於

東坡無能為後而亦點汙其前媿罪又當

何如哉

嘉靖戊午至日後學文徵明題 當年八十又九

東坡先生此賦楚騷之一變此書
蘭亭之一變也宋人文字俱以此
為極則與余〃知所藏名迹多
知無從遺是矣萬曆辛丑攜至雲

巖村觀日頌　董其昌

图书在版编目（CIP）数据

　　苏轼前赤壁赋 / 历代法书掇英编委会编．－－ 杭州 ：
浙江人民美术出版社，2020.12
　　（历代法书掇英）
　　ISBN 978－7－5340－7976－4

　　Ⅰ．①苏…　Ⅱ．①历…　Ⅲ．①行书－法帖－中国－北
宋　Ⅳ．①J292.25

　　中国版本图书馆CIP数据核字(2020)第001165号

丛书策划：舒　晨
主　　编：童　蒙　郭　强
编　　委：童　蒙　郭　强　路振平
　　　　　赵国勇　舒　晨　陈志辉
　　　　　徐　敏　叶　辉
策划编辑：舒　晨
责任编辑：冯　玮
装帧设计：陈　书
责任校对：黄　静
责任印制：陈柏荣

历代法书掇英

苏轼前赤壁赋

历代法书掇英编委会　编

出版发行　浙江人民美术出版社
地　　址　杭州市体育场路 347 号
电　　话　0571-85105917
经　　销　全国各地新华书店
制　　版　杭州新海得宝图文制作有限公司
印　　刷　杭州捷派印务有限公司
开　　本　787mm×1092mm　1/12
印　　张　3
版　　次　2020 年 12 月第 1 版
印　　次　2020 年 12 月第 1 次印刷
书　　号　ISBN 978-7-5340-7976-4
定　　价　42.00 元
如发现印装质量问题，影响阅读，请与出版社
营销部联系调换。